Bernard LARHANT

Les Galets de Tréguennec

Collection

ENQUÊTES & SUSPENSE

Quadri Signe - Editions Alain Bargain
125, Vieille Route de Rosporden - 29000 Quimper
E-mail : editions.alain.bargain@orange.fr
Site Internet : www.editionsalainbargain.fr

DU MÊME AUTEUR :

- *La croisée des maux* - roman - 2006 - Art Média Éditions (à présent Arphilvolis).

Cet ouvrage de pure fiction n'a d'autre ambition que de distraire le lecteur. Les événements relatés ainsi que les propos, les sentiments et les comportements des divers protagonistes n'ont aucun lien, ni de près ni de loin, avec la réalité et ont été imaginés de toutes pièces pour les besoins de l'intrigue. Toute ressemblance avec des personnes ou des situations existant ou ayant existé serait pure coïncidence.

À Maman et à la famille Le Berre.

REMERCIEMENTS

- À la mairie de Tréguennec et monsieur Per Pérennou.
- À Sylvaine, pour ses précieux conseils.
- À Stéphanie, pour ses précisions juridiques.

PROLOGUE

Apprendre, à l'approche de la cinquantaine, qu'on est le père d'une fille de vingt-sept ans, c'est partir à la découverte de son mode de fonctionnement, des subtilités de sa personnalité, des nuances de sa sensibilité. Aussi, très souvent, la surprise est-elle au rendez-vous, face à bon nombre de ses réactions, expressions d'une nature généreuse et spontanée, d'un tempérament explosif et pourtant parfois si fragile. En fait, je découvrais chaque jour qu'elle était une petite femme dotée d'un fort caractère et une grande gamine en quête d'une sécurité affective. Une fille, finalement, c'est un peu comme un temps d'avril en Bretagne, quand en une fraction de seconde, le soleil laisse place à un gros nuage, parfois même à un grain violent, avant de réapparaître dans l'instant qui suit. Avec Sarah, j'avais souvent tout faux et, malgré tout, sans posséder un tempérament maso, j'aimais cela. Je savais que ses reproches, ses agacements, ses impatiences représentaient autant d'appels affectifs.

À l'inverse, pour une fille de vingt-sept ans, se découvrir un père, cela signifie disposer d'un interlocuteur solide, capable d'endosser des reproches exprimés avec une extrême mauvaise foi, d'être le référent si souvent absent, jusqu'alors, celui qui peut, d'un mot, guérir tous les maux. Un homme forcément parfait, toujours présent quand il le faut, suffisamment discret pour ne pas froisser une susceptibilité naissante, assez persuasif pour être écouté. Un père, une perle rare pour une fille qui s'est construite sans la présence du sien, un héros statufié sur son piédestal, inébranlable sous les reproches comme devant les louanges…

Je croyais connaître le pire et le meilleur de l'existence après avoir bourlingué aux quatre coins du monde, sauvant des vies, en volant d'autres, au nom de l'État français ; pourtant, depuis l'apparition de Sarah, j'avais dû revoir mon échelle à ses deux extrémités : rien n'était plus grandiose que l'amour d'un enfant, rien ne me semblait désormais plus terrible que son regard sur ma vie, aiguisé, intransigeant, absolu ! Elle pouvait parfois me décaper en deux phrases, elle savait souvent m'éblouir en un regard, elle arrivait tout autant à m'étonner par son audace, sa spontanéité, ses élans imprévisibles.

Comme en ce vendredi soir où nous attendions tous deux, devant le commissariat de Quimper, notre boutique, l'heure du pot offert par le grand patron, à quelques semaines de sa retraite. Rose-Marie, notre collègue antillaise, copine attitrée de Sarah, n'avait pas encore fini de se préparer et avait tenu à ce que nous l'attendions pour rallier la salle du buffet à nos côtés. Sarah se demandait si elle n'aurait pas dû mieux s'habiller, après avoir vu certaines de ses collègues passer devant elle dans des tenues qu'elle estimait plus chic. Elle marmonnait entre ses dents sur les difficultés d'habiter Bénodet et de travailler à Quimper quand elle remarqua une jeune Maghrébine qui scrutait avec indécision les différentes portes du bâtiment. N'écoutant que son sens civique, Sarah traversa la rue et aborda la visiteuse pour la renseigner. Et là où chacun de nous aurait achevé sa B.A. après avoir fourni l'information, ma fille tint à rajouter une dose supplémentaire de disponibilité.

— Tu cherches les services administratifs, certainement, je vais te conduire, il y a de quoi se perdre dans ce labyrinthe ! s'exclama-t-elle en posant une main amicale sur le long manteau bleu marine de la jeune femme. C'est pour une plainte ? Tu veux déposer une main courante ?

— Non…

— Je vois, tu brigues un emploi d'adjoint de sécurité dans notre grande maison ? C'est cela ? Tu as raison de te présenter, que risques-tu ? Tu n'es pas de la région, tu sembles perdue…

— J'arrive tout juste par le TGV de Paris, murmura timidement l'interlocutrice de Sarah, profitant du fait que celle-ci reprenait son souffle. En fait, c'est la première fois que je mets les pieds en Bretagne, je ne pensais pas le trajet si long ; en plus, je n'ai pas trouvé de taxi disponible et j'ai laissé ma valise à la réception d'un hôtel pour ne pas me mettre en retard…

— C'est sûr, vu de Paris, Quimper semble le bout du monde ! Mais une fois qu'on y vit, il semble parfois que c'est le cœur de la planète. Ici, les gens ont une expression sur le visage, ils sont encore vivants. Enfin, quand il ne s'agit pas d'un cadavre, je bosse à la Crim'... Sinon, on peut prendre le pouls de la nature, on entend respirer la Terre, elle est géniale, cette région...

Toutes deux montèrent l'escalier de granit, semblables à deux vieilles copines qui se retrouvaient, Rose-Marie arriva entre-temps, fraîche comme une fleur de flamboyant sous les alizés. Notre unité se trouvait au complet, à l'exception de son chef, le commandant Fouilloux, en vacances en famille à La Réunion, île dont était originaire son épouse. Carole Mortier avait sorti son ensemble le plus sexy, il fallait dire que notre capitaine pouvait se le permettre, elle possédait les arguments pour engager la conversation sur ce terrain ! Mario Capello semblait en meilleure forme que les semaines précédentes durant lesquelles il avait été souvent absent. De santé précaire, le jeune lieutenant se montrait discret sur les raisons de ses fréquents passages à l'hôpital. Et comme nous ne souhaitions pas l'accabler davantage avec nos questions...

Personnellement, j'avais en horreur ces moments solennels où la grande famille de la police feignait la solidarité sans faille ! Chaque brigade formait une grappe qui se frottait rarement aux autres, les regards se croisaient, lourds de non-dits, de rancunes tenaces, de rancœurs ravalées, de jalousies latentes et de faux éclats hypocrites. Si cela n'était pas spécifique à la corporation, je me devais de reconnaître que les rivalités étaient exacerbées par la mise en concurrence récente des services, par l'efficacité réclamée à chaque unité dans ses missions, tout cela en raison de ces fichues statistiques qui nous rangeaient désormais sur le même pied que les cadres d'une société commerciale. Il fallait faire du chiffre, coûte que coûte, quitte à mordre sur les plates-bandes des collègues ! Sale dérive, en vérité, que nous vivions tous très mal…

Un brouhaha confus emplissait déjà la vaste pièce. Le commissaire Chantre allait saluer les uns et les autres, ému de ce moment qui le rapprochait un peu plus de la porte de sortie. Il possédait la chevelure argentée du retraité, le visage fatigué du vieux serviteur de l'État, le front ridé du patron que les problèmes de bureau avaient davantage marqué que les nuits de planque. Ma fille nous avait rejoints, elle prit aussitôt le bras de Rose-Marie ; elle la trouvait divinement belle dans sa longue robe tabac, qui se mariait si bien avec le brun de sa peau et l'épice de son parfum. Je ne savais jamais comment interpréter leur complicité, leur besoin permanent de se frotter l'une à l'autre ; cependant, jamais je ne me serais permis une réflexion qui me serait fatalement revenue au visage, à la vitesse d'un boomerang. Comme j'exprimais ma satisfaction de constater qu'elle avait enfin lâché les basques de sa protégée, elle me répliqua, comblée d'aise, qu'elle l'avait laissée entre les mains de la secrétaire du commissaire qui semblait au courant du rendez-vous. Je ne pus contenir un sourire ironique que Sarah ne remarqua pas.

Pierre Chantre m'avait tout appris du métier, au début de ma carrière. Il avait fonction d'instructeur, il avait en fait été bien plus que cela : un père, un mentor, un exemple, un ami. Toujours juste dans ses analyses et ses reproches. Quand il fustigeait mon comportement, je savais qu'il avait raison et qu'il intervenait pour mon bien. Il avait toujours gardé un œil ouvert sur mon parcours, notamment durant ces années où, au sein de la Cellule-Élysée, j'intervenais partout où la position de la France, voire la sécurité de ses ressortissants, l'exigeait. Jamais il ne me l'avait avoué, je l'avais appris par hasard, suite à l'indiscrétion de l'un de ses proches. Quand il eut un problème à régler à la brigade criminelle de Quimper, il fit naturellement appel à moi, avec l'espoir de me conserver à la tête du groupe et de me voir rapidement monter en grade. Seulement, j'avais toujours eu horreur de me trouver dans un bureau à signer des paperasses, à répondre au téléphone et à attendre le retour de ses équipes. Hervé Fouilloux s'en débrouillait d'ailleurs fort bien, me laissant tacitement la direction du groupe sur le terrain, ce qui me convenait parfaitement.

Comme je l'avais imaginé, les brigades se retrouvaient en groupes séparés, discutant de tout et de rien, sans chercher à établir de lien avec les voisins. On attendait que les festivités commencent en meublant le temps par des réflexions plus ou moins passionnantes. Lorsque le commissaire Chantre s'approcha de nous avec un large sourire, car de tous "ses hommes", nous étions ses chouchous, la jeune Beurette de tout à l'heure le suivait de près, il tint à nous la présenter comme à toutes les équipes :

— Voici le commissaire stagiaire Radia Belloumi qui va me seconder durant mes deux derniers mois de service ; on me la confie, charge à moi de lui apprendre les ficelles du métier, les réalités qu'aucun cours ne peut mentionner. Je vous présente le capitaine Carole Mortier, chef de l'unité de la brigade criminelle, le lieutenant Mario Capello, l'enquêtrice Rose-Marie Cortot, Paul Capitaine et le lieutenant Sarah Nowak...

— On se connaît déjà ! annonça prestement la jeune femme, sur un ton cassant, en foudroyant ma fille du regard. Tutoyez-vous d'emblée tous les visiteurs de ce commissariat ou avez-vous agi de la sorte avec moi car je suis maghrébine ? À moins que cette familiarité ne vienne du fait que je suis jeune ou que j'avais l'air d'une paumée débarquant de sa banlieue de zonards ?

— Pardonnez-moi, Commissaire, je voulais... plutôt, je pensais... enfin, cela ne se reproduira plus ! balbutia Sarah, rouge comme un coquelicot.

— La familiarité est l'ennemie de l'autorité, Lieutenant, un commissariat n'est pas une salle de sport et la police n'a rien à voir avec une amicale d'anciens copains de classe ! Tâchez de vous en souvenir, à l'avenir…

— Grâce au lieutenant, vous n'avez pas perdu de temps en vous égarant dans les méandres des couloirs et vous êtes arrivée à l'heure au rendez-vous, n'est-ce pas l'essentiel ? me sentis-je le devoir de préciser, pour venir au secours de Sarah qui se liquéfiait sur place.

— Paul Capitaine ! soupira la nouvelle venue en se retournant vers moi, un rictus aux commissures de lèvres, pour me fixer de son pénétrant regard. En fait, vous êtes le seul membre de l'effectif dont j'ai entendu parler avant mon arrivée à Quimper. En bien et en mal… Un bon flic de terrain, mais totalement réfractaire à la discipline et à l'autorité, plutôt frondeur même ! Je sais aussi que le commissaire Chantre a fait jouer ses relations en haut lieu pour vous récupérer à Quimper…

— Paul est un excellent enquêteur, vous verrez ! intervint notre patron, avec une évidente volonté de persuasion, pour me sauver la mise. L'autre pan de sa réputation est largement exagéré ! Si vous restez dans ce commissariat après mon départ, ce que je souhaite ardemment, vous aurez en lui un allié dans les périodes de coups durs, car il en a vu d'autres, croyez-moi ! Et l'ennemi, dans la place, n'est pas forcément le subalterne qui vous dit sa façon de penser en face, les yeux dans les yeux, mais davantage celui qui feint de vous approuver avant de baver dans votre dos ! Cela non plus ne s'apprend pas dans les manuels de l'école…

Les commissaires poursuivirent leurs présentations, glanant à chaque poignée de main un sourire coincé et une courbette de circonstance. Après avoir un moment suivi du regard la recrue, Carole tourna la tête vers moi en arborant une mimique qui signifiait que celle-là n'était pas une fille commode. Mario lui murmura à l'oreille qu'il devait s'agir encore de l'une de ces insatisfaites de l'amour, réflexion qui ne plut guère à sa collègue, elle-même en manque permanent car séparée de son compagnon depuis plusieurs années déjà. Sarah attendit un moment, déjà pour recouvrer ses esprits, ensuite pour s'assurer que la miss Pète-sec n'entendrait pas ses paroles, puis elle m'asséna un coup de coude dans les côtes.

— Tu le savais, n'est-ce pas, que cette nana qui se pointait, c'était le nouveau commissaire ? Bien sûr, tu le savais et tu m'as laissée me vautrer comme une pauvre crotte ! Je suis ta fille tout de même !

— Lorsque j'ai compris la situation, tu étais déjà lancée dans ta bonne action ! Et puis j'ai tenté de sauver le coup, par la suite, non ? Je dois avouer cependant que ta mine décomposée, quand elle t'a remonté les bretelles, cela aurait mérité la photo ! On l'aurait mise en poster à la maison… Cette commissaire restera à jamais, pour moi, la personne qui est parvenue à te clouer le bec ! J'avais fini par concevoir que cet individu n'existait pas sur la planète…

— Fends-toi d'un geste pour aider les gens et vois comme tu es remerciée...

Une fois achevé le tour de "la famille", le commissaire Chantre monta sur l'estrade et saisit le micro pour s'adresser à ses hommes. Radia Belloumi le suivait toujours, visage fermé, regard noir qui ne perdait pas une miette du spectacle. Il avait dû le préparer, ce discours, notre patron ! Il n'y présentait pas ses adieux, il avait encore une dizaine de semaines à vivre parmi nous, il symbolisait cependant une forme de passation de pouvoir, même si rien ne permettait de certifier que la Beurette lui succéderait à la tête de "la boutique". Il était pâle comme un linge, tremblait en dépliant sa feuille, ses yeux brillaient d'émotion et de tristesse. Ce métier, c'était sa vie, il lui avait tout sacrifié ! Et même s'il prétendait que la police avait changé, en quarante ans, il aimait l'odeur des grandes enquêtes et le parfum agréable des succès de prestige. Rien ne lui faisait davantage plaisir que ces instants de décisions importantes où nous venions lui demander son point de vue sur l'organisation d'une action délicate. Il piaffait comme un poulain, n'attendant qu'un mot de notre part pour monter dans l'un de nos véhicules et renifler à nouveau l'odeur à nulle autre pareille de l'action gorgée d'adrénaline...

Il entama son discours, s'arrêta très vite, se racla la gorge, s'excusa, reprit son fil, se trompa de ligne, s'arrêta à nouveau, repositionna ses lunettes, puis je le sentis vaciller et je compris qu'il ne se sentait pas bien. Alors qu'auprès de lui, son successeur fixait l'auditoire pour prendre la mesure des plus rebelles, Pierre Chantre cherchait sa respiration, suffoquait, bouche ouverte, la main disponible appliquée sur le haut de son torse, avant de s'écrouler comme une masse. Aussitôt, les plus proches l'entourèrent, lui ouvrirent le col de chemise, réclamèrent de l'espace autour de lui pour qu'il respire. L'un d'eux appela le Samu, l'autre alla chercher la trousse d'urgence, un troisième entreprit de lui pratiquer un massage cardiaque. Pétrifiée, la main posée sur le pupitre, Radia Belloumi vivait le premier instant dramatique de sa carrière naissante, incapable de savoir comment agir en une telle circonstance. Car cela ne figurait pas non plus dans les manuels du parfait commissaire. Elle se pencha à son tour, comprit qu'elle gênait plus qu'autre chose, bredouilla un mot d'excuse, se recula de quelques mètres.

Ce furent les pompiers qui arrivèrent promptement pour prendre en charge le commissaire, le plaçant sur une civière, lui installant un masque à oxygène et l'éloignant de la salle surchauffée en un minimum de temps. Le chef de l'équipe de secouristes nous rassura, il s'agissait juste d'un malaise ; il faudrait effectuer une batterie d'examens pour connaître les raisons exactes de la perte de connaissance, mais les jours du commissaire n'étaient pas en danger. Le brancard quitta les locaux, entouré par les plus proches, la rumeur bourdonnante se calma lentement. Je vis alors tous les regards se tourner vers une jeune femme de trente ans, totalement paniquée, qui n'avait certainement qu'une envie, à cet instant précis, fuir en courant et repartir d'où elle venait par le premier train !

Coluche disait dans l'un de ses sketches que tous les hommes étaient égaux. Blanc ou noir, riche ou pauvre, beau ou moche. Il précisait cependant que pour celui qui naissait noir, pauvre et moche, ce serait quand même plus dur. Il en était un peu de même pour Radia Belloumi ; elle était jeune, elle était femme, elle était d'origine maghrébine. Un cumul de handicaps à l'instant où elle devait prendre, au grand galop, les rênes d'une diligence dont elle ignorait tout du fonctionnement. À cet instant, je la sentais réellement paumée, ce qui devait ravir certains collègues un tantinet racistes ou misogynes et dont il me semblait percevoir le ricanement intérieur transparaître sur le visage. Alors, mû par je ne sais quel élan de solidarité, je fis ce que je détestais le plus au monde, je m'avançai vers le micro.

— Le commissaire est un homme solide, il a juste été victime de son émotivité ; il faut dire que, pour lui, c'est un jour particulier ! Une vie au service du pays, ce n'est pas rien ; il a senti le précipice de la rupture avec sa carrière et il aura pris le tournis… Il sera bien soigné à l'hôpital et se remettra à temps pour ne pas rater son premier jour de retraite, j'en suis certain ! Surtout dès qu'il apprendra qu'avec l'argent de la collecte, on lui a acheté une canne à pêche avec un moulinet dernière génération ! Finalement, le plus difficile, ce n'est pas pour lui, il doit déjà se trouver entouré d'infirmières qui vont craquer devant sa chevelure argentée de vénérable sage… Le plus pénible, dans la situation, c'est pour le commissaire Radia Belloumi qui ne s'attendait pas, sitôt ses nouvelles fonctions intégrées, à se trouver propulsée séance tenante à la tête de la boutique. Elle sort de l'École Nationale Supérieure de police avec une solide formation, mais elle a tout à apprendre du terrain, elle est parachutée dans une région qui lui est peu familière, à la tête d'une équipe habituée à recevoir les ordres d'un homme qui a roulé sa bosse depuis quarante ans dans le métier. On a connu tremplin moins savonneux… Elle aura donc besoin du soutien rapide des chefs de groupes et de la compréhension de tous pour mener à bien sa mission. Je puis déjà vous assurer, Commissaire, de l'entière confiance de la brigade criminelle ! Je pense pouvoir parler au nom de tous mes camarades et vous souhaiter la bienvenue à Quimper… Même si aucun d'entre nous n'a, après le malaise du commissaire Chantre, le cœur à la fête, je propose que nous accueillions par un ban le commissaire Belloumi et que nous lui souhaitions un agréable passage professionnel au bout de la Bretagne, même si son arrivée est plus mouvementée qu'elle ne l'avait sans doute imaginée !

Une salve d'applaudissements répondit à mon discours, suivi d'un ban qui répondait davantage à la nécessité d'expurger un trop-plein de tension intérieure qu'à un sentiment sincère d'affection pour cette étonnante nouvelle patronne. Je m'effaçai pour laisser la place à Radia Belloumi, bien petite derrière l'estrade, même si elle devait au moins mesurer un mètre soixante, minimum requis pour postuler à un emploi d'officier de police, pour une femme comme pour un homme.

Elle s'excusa aussitôt de ne pouvoir s'exprimer longuement, les circonstances ne se prêtant pas réellement aux discours, et promit que, bientôt, elle réunirait ses équipes pour définir les missions prioritaires et les axes majeurs de chaque brigade. Puis elle regretta de ne pouvoir bénéficier davantage des précieux conseils du commissaire Chantre et lui souhaita un prompt rétablissement.

Comme certains trouvaient qu'il ne "fallait pas gâcher", ils firent honneur au buffet, le naturel reprenant rapidement le dessus... Et pour faire descendre les canapés, rien de tel qu'un petit jaune bien tassé... Perdue dans un angle de la salle, l'endroit le moins éclairé de la pièce, Radia Belloumi s'était fait servir un verre de jus de fruit qu'elle sirotait distraitement, le regard perdu dans le vide. Je m'apprêtais à jouer à nouveau les messieurs bons offices en m'approchant d'elle pour lui faire la conversation lorsqu'une main tapota mon épaule. En me retournant, je découvris le substitut Dominique Vasseur qui s'excusa de son retard, le procureur lui ayant tenu la jambe. Je murmurai que j'aurais bien aimé me trouver à la place du procureur ; elle ne m'entendit pas. Cela valait sans doute mieux... Elle me demanda ce qui se passait, car il lui avait semblé, alors qu'elle cherchait une place le long de l'Odet pour se garer, avoir vu une ambulance quitter le commissariat. Je lui résumai la situation et je lui demandai de m'accompagner pour qu'elle chaperonne au mieux l'infortunée stagiaire, complètement perdue au milieu d'une centaine d'hommes et de femmes qu'elle découvrait à peine. Collègues, certes sous ses ordres, logiquement, mais inconnus et pour le moins suspicieux !

Si j'avais besoin d'une preuve supplémentaire de la finesse d'esprit, du tact et de l'intelligence d'esprit de Dominique, je l'obtins à cet instant où, après avoir salué la jeune femme, elle dérida Radia Belloumi, jouant à merveille le rôle de la bouée à laquelle l'arrivante allait s'accrocher rapidement de toutes ses forces.

— Je suis chargée des relations entre le parquet et les services de police, nous aurons donc l'occasion de travailler ensemble... poursuivit la magistrate sur un ton très bienveillant. Même si nous souhaitons voir le commissaire Chantre sur pied dans les plus brefs délais, il est vraisemblable qu'il bénéficiera d'une convalescence à la suite de son hospitalisation... Vous allez donc devoir rapidement prendre des responsabilités auxquelles vous n'étiez pas préparée en arrivant ici. Je ne me fais aucun souci, j'ai lu votre dossier avant de vous rejoindre : mastère de droit juridique, sportive, excellente tireuse, l'une des meilleures de votre promotion au concours, il vous manque juste ce qui s'acquiert avec le temps, l'expérience...

— Pour tous ces hommes, je suis une gamine ! se lamenta la commissaire en haussant les épaules. J'entends les réflexions, je ne suis pas sourde ! Je constate les mimiques, je ne suis pas aveugle ! Pas question, pour beaucoup, d'obéir aux ordres d'une Beurette qui ne possède aucune légitimité pour les commander ! Je vais expliquer la situation à ma hiérarchie dès demain matin, réclamer un vrai patron qui viendra prendre la tête du commissariat et sous les ordres duquel j'apprendrai mon métier...

— Il ne faut pas fuir devant les obstacles, Radia ! insista Dominique en appuyant chaque syllabe. Je peux vous appeler Radia ? J'ai vu, dans votre dossier, que vous pratiquiez l'équitation. Vous savez donc de quoi je parle, si je prétends que votre réaction est une dérobade. Vous n'avez pas accompli tout ce chemin, franchi les haies les plus difficiles pour vous planter devant le mur final ! Cela ne ressemble pas à l'image que je me fais de vous et je me trompe rarement sur le fond des gens...

— Commissaire, si je puis me permettre, vous n'êtes pas seule, au moment d'aborder ce parcours d'obstacles ! arguai-je en soutien de Dominique. Pour la marche du commissariat, vous pouvez compter sur une équipe administrative solide, même si ce soir, et c'est un peu normal, les plus proches sont partis au chevet du commissaire Chantre qu'ils côtoient depuis si longtemps. Par ailleurs, le fait que nous ayons quelques années de métier ne nous situe pas forcément contre vous. Comme le fait de vous tutoyer maladroitement à votre arrivée, d'ailleurs ! J'appuie les paroles du substitut Vasseur, vous n'êtes pas là par hasard ! Le concours de commissaire est particulièrement ardu et vous avez prouvé, par vos résultats, que vous possédez les compétences requises pour assumer la fonction ! Ayez confiance en vous, nous vous promettons de vous faciliter la tâche, du mieux que nous pourrons… Vous avez un programme pour la soirée ?

— Je vais aller prendre possession de ma chambre d'hôtel, j'ai laissé mes bagages à la réception, en chemin. Ensuite, je trouverai bien un restaurant dans le secteur, j'avoue ne rien avoir pu avaler de la journée ! J'avais échafaudé tous les scénarios possibles, mais jamais je n'avais songé à celui-là !

— Substitut, si vous n'avez rien de prévu, je vous invite toutes les deux dans une brasserie ! Naturellement, Commissaire, nous vous laisserons aller vous reposer de bonne heure, je suppose que vous avez hâte de vous remettre de vos émotions !

— C'est gentil de votre part, mais pour ce soir, je crois que j'ai eu ma dose, j'ai besoin de me retrouver seule pour analyser ce qui m'arrive…

— Alors, demain midi ? insistai-je.

— Je préfère, c'est sympathique de ne pas me laisser seule en une circonstance aussi déstabilisante… Je voudrais m'excuser pour mes paroles de préambule, Capitaine, je suis arrivée sur la défensive et…

— Dominique et moi, nous passerons vous prendre demain aux alentours de treize heures, cela vous convient ? Et par pitié, appelez-moi Paul, quand nous sommes en petit cercle…

— Comme vous l'avez compris, moi, c'est Dominique ! poursuivit la magistrate en se penchant pour embrasser la commissaire. Vous allez voir, tout va bien se passer…

— Moi, c'est Radia ! Mais vous le savez déjà, je suis vraiment fatiguée, je ne sais plus ce que je dis… Merci à tous deux de m'accueillir aussi chaleureusement…

I

Lundi matin, commissariat de Quimper. En l'absence d'Hervé Fouilloux, Carole dirigeait l'équipe de la Crim'. La fonction m'avait été proposée, seulement je n'étais pas demandeur. On avait sur le feu un règlement de compte qui avait mal fini dans un bar glauque. On possédait le signalement de l'assassin et même son adresse, ce qui facilitait la tâche. Mario se proposa de s'occuper de l'affaire et me demanda l'autorisation de prendre Sarah avec lui. Je le remerciai de me débarrasser du boulet pour la journée, ma fille ne réagit même pas. Il est vrai que, depuis les paroles de Radia à son intention, elle avait pris un sérieux coup sur le museau. Et comme j'avais déjeuné le dimanche en compagnie de "miss Pète-sec" et de Dominique, sans daigner l'inviter à notre table, nos relations n'étaient pas au beau fixe.

J'avais une montagne de paperasse en retard et m'apprêtai à démarrer la semaine en douceur lorsque j'entendis frapper à la porte de mon bureau. Je priai le visiteur d'entrer et je me trouvai face à Radia Belloumi, visiblement embarrassée. Sa confusion ne me concernait pas directement car la journée de la veille nous avait permis, grâce au savoir-faire de Dominique, de jeter les bases d'un dialogue constructif par de fines tentatives d'apprivoisement. Elle portait encore l'un de ses costumes classiques de première de la classe, qui la faisait ressembler davantage à une ministre dans son cabinet qu'à un patron de police dans son commissariat. Comme j'avais pu le constater la veille, Radia fumait beaucoup et ce matin encore, l'odeur désagréable du tabac froid l'accompagnait dans ses déplacements.

— Paul, je me trouve confronté à mon premier souci ! annonça-t-elle d'emblée. Voilà pourquoi je me permets de vous déranger. Auriez-vous un peu de temps à me consacrer pour m'accompagner jusqu'à mon bureau ? Je dois recevoir des producteurs de cinéma qui tiennent absolument à me rencontrer. Ils sont nantis d'un billet de recommandation du préfet en personne !

— J'étais convaincu qu'avec un physique aussi avantageux, votre place n'était pas dans la police ! répliquai-je avec un sourire en coin. Une nouvelle carrière s'offre à vous…

— Ne plaisantez pas, je ne sais pas comment m'en dépêtrer ! Ces gens me demandent de retrouver la trace du consultant de leur film. Il devait arriver hier après-midi à Quimper et il n'a pas donné signe de vie depuis. Pourtant, mes interlocuteurs sont certains qu'il a pris le TGV à Montparnasse… Je ne peux pas lancer une enquête à propos d'une disparition avec si peu d'éléments dans le dossier, tout de même...

— Si le préfet vous couvre, vous pouvez tout vous permettre ! Appeler le GIPN, lancer des battues, réclamer des hélicos, des chiens renifleurs, même les sous-marins nucléaires... Vous ne risquez absolument rien, vous obéissez à des ordres supérieurs... Je vous accompagne, Commissaire, on va écouter les précisions de ces amis personnels de Monsieur le préfet !

Sitôt revenue à son bureau de grande patronne, dont la largeur du fauteuil de cuir cossu dépassait de loin celle de sa silhouette gracile, Radia fut foudroyée par le regard méprisant de deux hommes, comme s'ils la pensaient coupable d'un quelconque crime, ce qui était un comble. L'un, visage bouffi et chevelure hirsute, engoncé dans un imperméable style Columbo, devait avoir une cinquantaine d'années ; nous étions donc de la même génération. Le second, costard de grande marque, manteau en alpaga et sourire Ultra Brite, semblait un peu plus jeune, beaucoup plus sournois aussi ! Il s'avança vers moi, air hautain, bras tendu, main sûre, méprisant totalement ma supérieure hiérarchique, tellement mal à l'aise dans sa fonction.

— Baudoin Schuller, producteur de cinéma, je finance le téléfilm Les Galets de Tréguennec dont le tournage doit commencer aujourd'hui, m'asséna-t-il d'une voix à la Malraux. J'ai choisi Xavier Chrétien, ici présent, comme réalisateur pour cette œuvre...

— Paul Capitaine, enquiquineur notoire, désigné volontaire par le commissaire Belloumi, ici présente, pour la libérer d'importuns de votre espèce ! assénai-je du tac au tac, en accentuant volontairement le ton sec. Que peut-on exactement pour votre service, puisque vous semblez des intimes de notre préfet ?

— Paul Capitaine, saliva le producteur avec un large sourire, j'en ai connu un, proche du pouvoir...

— Ne cherchez pas plus loin, répliquai-je, très en verve, c'est bien le même, mais loin du vouloir...

— De la répartie, j'adore ! Seulement l'affaire qui me conduit jusqu'à vous n'est pas amusante : mon conseiller technique a disparu depuis hier. Il vous faut me le retrouver au plus vite... Vous savez combien me coûte une demi-journée de retard dans mon planning...

— À tout hasard, il ne vous aurait pas fait faux bond pour une histoire de salaire ou de contrat mal ficelé ? D'abord, comment se nomme-t-il et que savez-vous de lui ?

— Il s'appelle Jean Pêcheur, il a quatre-vingt-huit ans, c'est un retraité des chemins de fer, passionné de tous les actes de la Résistance durant la dernière guerre, notamment ceux qui concernaient les cheminots... Voilà pourquoi j'ai requis sa présence sur le plateau de mon téléfilm ; celui-ci parle, comme son titre l'indique, des chargements de galets qui quittaient par trains entiers la plage de Tréguennec pour construire les blockhaus du Mur de l'Atlantique, dans le cadre de l'organisation Todt.

— Pardonnez-moi, je ne connais qu'un Todt, habitué des circuits de Formule 1, ce ne doit pas être le même... bredouillai-je, jouant au candide pour en apprendre davantage.

— Celui-ci se nomme Fritz Todt, il était ministre de l'organisation et de la production de guerre, m'apprit le Parisien sans se départir de sa grandiloquence. Il est à l'origine de la construction des usines d'armement, des camps de concentration, des abris des sous-marins, mais il est aussi l'initiateur des fortifications constituant le Mur de l'Atlantique, blockhaus, bunkers, poteaux anti-débarquement, batteries d'artillerie, de la frontière espagnole jusqu'en Norvège... L'ensemble de son œuvre de défense est communément appelé l'organisation Todt...

En quelques secondes, des souvenirs enfouis dans ma mémoire, d'anecdotes que me racontait mon père lors de visites en des lieux obscurs à mon esprit d'enfant, me revinrent à l'esprit. Il avait parlé de ces faits lors de repas de famille, insisté pour me présenter les lieux. Faits importants pour lui, barbants pour mon cerveau de môme. Il aurait eu encore toute sa lucidité pour replonger dans les archives de sa mémoire, il m'aurait éclairé sur cette période précise, seulement, comme le disait si pudiquement Sarah, quand elle évoquait la maladie d'Alzheimer de son papy, il passait désormais ses journées à voyager en compagnie d'Aloïs...

Certes, je connaissais la plage superbe, long ruban

de sable qui s'étendait de La Torche à Penhors, je connaissais l'existence du Transbigouden, le train Birinik pour les gens du pays, et son utilisation par l'armée d'occupation, mais jamais je n'avais eu le souci de me pencher sur les événements de cette période survenus à quelques kilomètres de Quimper. J'avais eu la chance de naître après cette période douloureuse et au sein d'une génération qui n'avait pas connu la guerre, sans éprouver pour autant la curiosité de me pencher sur le passé de ma terre d'origine.

Seulement, à ce moment précis, les lamentations sur mes lacunes coupables n'aidaient pas le commissaire à s'extirper des pattes de deux gars qui lui avaient délibérément tourné le dos, la considérant comme insignifiante, ne lui accordant pas plus d'égards qu'à leur femme de ménage. Et elle comptait sur moi pour l'aider à prendre une décision.

— Je comprends l'embarras de Madame la commissaire, malgré tout notre respect pour Monsieur le préfet et pour votre travail de mémoire, soupirai-je, un rien faux jeton. Nous avons pour mission d'assurer la sécurité de la région avec un effectif somme toute très réduit. Extraire du dispositif deux éléments pour une recherche aléatoire représente un cas de conscience car une autre mission en pâtira forcément ! Néanmoins, si ma supérieure n'y voit aucun inconvénient, et pour être agréable à Monsieur le préfet, je peux mener une petite enquête discrète, puisque vous semblez assuré que monsieur Pêcheur a quitté Paris dans un TGV à destination de Quimper. Quelques appels téléphoniques me permettront certainement d'en savoir un peu plus…

— Très bien, Capitaine, vous avez mon autorisation ! sanctionna Radia sur le ton le plus autoritaire possible. Mais que cela ne nuise pas à votre travail en cours et au bon fonctionnement de l'équipe…

— J'y veillerai, Madame la commissaire, j'y veillerai… En revanche, vous serait-il possible de contacter le secrétariat du préfet pour rendre compte de notre décision ? Je sais que vous n'avez pas une minute à vous, seulement Monsieur le préfet apprécie d'avoir à faire directement à l'autorité… Messieurs, puis-je avoir un numéro auquel vous joindre pour vous faire part de mes résultats ?

Je quittai le bureau, satisfait de cette première collaboration avec Radia. J'avais aimé notre complémentarité qui lui laissait le rôle décisionnaire et je me surpris à imaginer que cette expérience l'avait confortée sur ses capacités à diriger le commissariat et sur le mode de fonctionnement à utiliser avec les différentes équipes. On présentait la situation, elle statuait. On opérait, elle rendait des comptes. D'ailleurs, le regard des Parisiens à son endroit avait changé, au fil de la conversation ; ces décideurs étaient des hommes assez finauds pour comprendre qu'ils n'obtiendraient rien de moi sans l'assentiment de celle qu'ils avaient tout d'abord snobée…

En fait de recherches, il me suffit de revenir à mon

bureau pour apprendre que le corps d'un homme de plus de quatre-vingts ans avait été découvert par un badaud dans un terrain vague d'Ergué-Armel, la gorge tranchée, sans papiers sur lui. Un crime de rôdeurs, avait conclu la patrouille. Une petite voix intérieure me murmurait que l'inconnu était notre conseiller technique. Je téléphonai au procureur Vasseur pour lui annoncer la macabre découverte, ajoutant mes craintes de nous trouver confrontés à une affaire embarrassante ; elle nota surtout la possibilité d'une nouvelle collaboration et je compris que la perspective la réjouissait. Dans la foulée, j'appelai la commissaire Belloumi pour lui faire part de mon intuition, je ne croyais pas un instant à un crime de rôdeurs. Le cadavre était celui de Jean Pêcheur et quelqu'un avait voulu l'éliminer, brouillant à dessein les pistes, désireux de nous voir poursuivre un petit voleur de portefeuille…

Dominique passa me prendre, comme toujours, et je grimpai à bord de sa vieille guimbarde poussive qui fuma beaucoup dans la montée en direction du Petit-Guélen. Là, dans la ZAC, au fond d'un terrain vague en attente de l'implantation d'un hangar industriel, on découvrit les collègues de l'Identité Judiciaire déjà au travail. La victime était un homme encore robuste pour son âge, bien habillé, même si son imper avait souffert de l'agression, le visage orné d'un bouc chenu, comme sa chevelure peignée en arrière.

Ne sachant comment prendre une photo avec le

téléphone portable que Sarah m'avait offert, je demandai à l'un de mes collègues d'opérer puis de m'expliquer comment je pouvais montrer rapidement le cliché à des personnes susceptibles de l'identifier, puisqu'il n'avait pas ses papiers sur lui. Fort de mon indice, bien enregistré, je demandai à Dominique de contacter le producteur, au numéro que je lui indiquai, pour le rencontrer au plus vite.

— Je ne veux pas passer pour une pingre, Paul, mais pourquoi n'utilisez-vous pas votre portable ?

— Sur le mien, j'ai la photo de la victime, j'ai peur de l'effacer par une fausse manœuvre !

— Mon Dieu, ce que vous pouvez être vieux jeu ! Enfin... Il s'appelle comment, votre producteur ?

Baudoin Schuller avait retenu une chambre dans un établissement appartenant à une chaîne hôtelière nationale, situé à même pas un kilomètre du lieu du crime, ce qui m'interpella. Il accepta de nous recevoir. Quand on arriva sur le parking, je vis notre homme discuter vivement avec le cinéaste et une autre personne, un grand gars jovial qu'il me semblait reconnaître. Le temps de présenter le substitut du procureur et j'appris que le type au visage bonhomme se nommait Julien Girard, qu'il était romancier et historien. Effectivement, j'avais dû le découvrir, par écran de télévision interposé, lors d'une émission littéraire dont je suivais distraitement un extrait, à la mi-temps d'un match de foot, programme qui possédait de loin mes faveurs !

Satisfait de ma maîtrise toute récente des technologies modernes, je montrai la photo aux trois gars ; un seul me certifia que c'était bien l'individu qu'ils attendaient : Baudoin Schuller, le producteur. Pour cause, les deux autres n'avaient jamais rencontré Jean Pêcheur. Comme je m'en étonnais, Julien Girard m'apprit qu'il était l'auteur du roman historique qui servait de trame au téléfilm. Bien sûr, comme il était âgé de soixante-quatre ans, il était trop jeune pour avoir vécu cette période douloureuse de notre histoire. Il s'était basé sur des documents d'époque, des témoignages de protagonistes, son imagination avait fait le reste. Ce qui justifiait la présence d'une tierce personne, capable de dénicher les anachronismes éventuels et de garantir l'authenticité du récit. Xavier Chrétien, pour sa part, semblait moins peiné par la disparition du conseiller technique que par les heures perdues sur son planning de travail. Dominique Vasseur intervint :

— Je prends la décision d'ouvrir une procédure d'information judiciaire pour présomption de meurtre sur la personne de Jean Pêcheur, puisque vous semblez l'avoir formellement identifié, monsieur Schuller. Capitaine, je vous charge de l'enquête ! Tentez de remonter jusqu'à la famille de la victime pour retracer son passé, de comprendre pourquoi quelqu'un l'aurait assassiné à Quimper. Messieurs, je vous demanderai de ne pas quitter la région. Tant que le mystère ne sera pas élucidé, je ne veux négliger aucune piste !

— Et que sous-entendez-vous par là, Madame le substitut ? s'emporta le producteur. Il s'agit à coup sûr d'un banal crime de rôdeurs, j'en suis convaincu.

— Je ne sous-entends rien, monsieur Schuller, je respecte seulement la procédure et n'écarte aucune hypothèse, répliqua Dominique, avec autorité. Vous faites venir monsieur Pêcheur en Bretagne, il y est assassiné dès sa descente du train, ce sont les faits. Je ne vous soupçonne pas, il est encore trop tôt pour privilégier une piste ou une autre, je considère seulement que vous pouvez apporter aux enquêteurs des éléments susceptibles de les aider à y voir plus clair dans une affaire bien embrouillée, je l'avoue... Qui sait si vous n'avez pas réveillé de vieux souvenirs enfouis dans certaines mémoires, en envisageant la réalisation de ce téléfilm ?

— Avouez qu'il existe cependant beaucoup plus de chance qu'il s'agisse du geste d'un loubard, puisque vous nous apprenez que Jean Pêcheur n'avait plus son portefeuille sur lui ! s'emporta le producteur. J'ai un business à faire tourner à Paris, moi ! Je n'étais ici que jusqu'à demain soir, après je suis attendu sur la Côte d'Azur où je démarre un autre projet. Vous savez combien de personnes ont du travail grâce à mon argent ?

— Et moi, je dois commencer le tournage demain matin, les équipes seront sur place, à l'ancienne usine de concassage de Tréguennec, il ne m'est pas possible de perdre la moindre journée car, comme on dit, le temps c'est de l'argent, poursuivit Xavier Chrétien, de sa grosse voix. J'ai réquisitionné des dizaines de figurants, je leur dis quoi, moi, si vous me convoquez en plein boulot ?

— Retournez-vous contre Jean Pêcheur, si vous estimez qu'il a fait exprès de se faire égorger pour nuire à votre projet ! assénai-je pour stopper les jérémiades. Nous vous laissons, nous avons une enquête à mener, qui ne démarre pas sur des bases limpides. Comme nous aider à résoudre cette énigme ne semble pas votre préoccupation principale…

De retour dans les bureaux du commissariat, je m'approchai de Rose-Marie pour lui demander ce qu'elle pouvait trouver sur son ordinateur, à propos d'un certain Jean Pêcheur, domicilié sur Nancy ou sa banlieue, retraité des chemins de fer. Je lui suggérai aussi de me fournir, plus tard, une documentation sur le Mur de l'Atlantique, l'organisation Todt et l'usine de concassage de Tréguennec. Elle ouvrit de grands yeux, je lui résumai une page d'histoire en quelques minutes, elle m'écouta comme un enfant s'abreuve des paroles de sa grand-mère lui narrant un conte d'Andersen. La guerre 39-45, c'était si loin pour une môme de vingt-six printemps, sans doute encore un peu plus quand on tirait ses racines des îles antillaises… Cependant, en bon petit soldat, RMC se mit en besogne, convaincue de comprendre ce qui se cachait derrière les trois appellations qu'elle avait griffonnées sur un bout de papier.

Je frappai ensuite au bureau de Carole pour faire le point avec elle sur la situation, à présent que l'affaire revenait officiellement à notre unité, avec la découverte d'un cadavre, identifié par le producteur comme étant celui de Jean Pêcheur. Notre chef remplaçante m'écouta avec attention, avant de poser la bonne question :

— La logique voudrait que ce gars ait été suivi par un voyou entre la gare et son hôtel, ce qui pose une première question : comment cet octogénaire s'est-il retrouvé livré à lui-même, dans une ville où il n'avait peut-être jamais mis les pieds et dans laquelle il devait éprouver bien du mal à se repérer ?

— Selon le producteur, ce témoin semblait essentiel pour la crédibilité de son travail, réfléchis-je à voix haute, et pourtant personne de l'équipe de tournage ne s'est donné la peine de se déplacer pour l'attendre à la gare ! Étonnant, non ?

— Anormal, suspect même ! La priorité, c'est de connaître la liste des personnes au courant de l'arrivée de ce Jean Pêcheur à Quimper par le TGV de dimanche. Le producteur avait-il, oui ou non, prévu une voiture pour venir le chercher et le mener jusqu'à l'hôtel ? Cela sent le vieux règlement de compte, reste à trouver le mobile ! Une rancœur tenace qui remonte à la surface ? Une jalousie à propos du poste de conseiller technique ? Un différend plus récent et un adversaire qui l'aura suivi jusqu'à Quimper pour l'exécuter ? Quel sac de nœuds !

— Mon flair m'oriente vers le règlement d'un compte qui daterait de la dernière guerre, soupirai-je, une moue de désolation au visage. Il me reste à prouver que Jean Pêcheur se trouvait alors en Bretagne et de découvrir qui lui en voulait suffisamment pour l'éliminer, plus de soixante ans plus tard.

— Cela impliquerait un meurtrier de sa génération. Tu vas devoir te coltiner un tour des maisons de retraite et des clubs du troisième âge de la région, douce perspective ! S'il passe ses journées, comme tu me l'as précisé, à recenser tous les actes de Résistance des cheminots, à recueillir les confidences des derniers témoins, il a peut-être, même involontairement, froissé quelques susceptibilités… Bon courage à toi !

— Cette affaire sent mauvais dès le départ ! soupirai-je en me levant de la chaise. Pour son baptême du feu, Radia est servie…

— Elle tient le choc, la nouvelle patronne, j'ai cru comprendre que tu étais son confident privilégié, presque son confesseur… gloussa Carole avec une pointe de jalousie. La rumeur prétend qu'elle ne tiendra pas une semaine parmi nous, la pression est trop forte pour une nana aussi inexpérimentée, elle n'a pas les épaules assez solides pour…

— Ne me dis pas que tu hurles avec les loups, Carole, pas toi ! Radia a besoin de trouver ses marques, elle sait aussi qu'elle n'a pas le droit à l'erreur et qu'il lui sera pardonné moins qu'à tout autre chef, aussi notre rôle est-il de l'épauler au mieux et non de glisser des peaux de banane sous ses pieds !

— Elle va donc s'accrocher à son poste et ne va pas demander le soutien d'une personne d'expérience derrière qui elle se placera ? Je me demande si c'est une bonne chose pour la boutique… Je discutais avec des collègues, cela sent le roussi depuis quelques jours, dans les cités de Penhars. S'il faut intervenir de manière musclée, je ne vois pas cette môme assumer les ordres… Au fait, elle pense quoi de ses premières heures parmi nous ?

— Et que faites-vous du secret de la confession, capitaine Mortier ?

— Tu m'avais davantage habitué aux confidences d'oreiller qu'aux pieux aveux…

Ma dernière visite de la journée fut pour notre commissaire. Elle ne se trouvait pas dans son bureau, elle fumait dans la cour pour se calmer les nerfs. Elle entendait les rumeurs, elle se sentait seule, elle comprenait que certains voulaient la faire craquer et ils allaient bientôt réussir ! Même le préfet n'arrêtait pas de l'appeler, soi-disant pour réclamer des nouvelles de l'affaire, un bon moyen de lui mettre la pression. Jamais il ne manquait de rappeler qu'elle possédait la possibilité de réclamer la présence d'un collègue plus expérimenté à la tête de l'équipe, derrière lequel elle apprendrait le métier. Elle allait accepter, elle n'en pouvait plus. De toute manière, tout le monde attendait d'elle qu'elle jette l'éponge et reconnaisse son inexpérience. Poursuivre serait un suicide professionnel…

Je lui proposai, si elle avait fini sa journée, que nous nous rendions à pied jusqu'au palais de justice où le substitut Vasseur m'attendait dans son bureau pour un dernier point sur l'enquête. Cela nous permettrait de bavarder en chemin, à l'abri des regards indiscrets. Car afficher son manque de sang-froid en grillant cigarette sur cigarette, aux yeux de ses détracteurs, ne servait pas ses intérêts, cela donnait même du grain à moudre aux persifleurs. Elle accepta du bout des lèvres, monta chercher sa serviette et son sac à main, me rejoignit sur les quais. On discuta de tout et de rien en marchant le long de l'Odet. Un nouveau pas dans un rapprochement qui détendait Radia, cela semblait évident, même si elle se ruina un peu plus la santé, avec trois nouvelles tiges consumées, le mégot de l'une servant à allumer la suivante.

Une fois au premier étage du palais de justice, je frappai à la porte du bureau, la grande Julie vint ouvrir, pour une fois bien dans ses escarpins.

— Bonjour, Capitaine ! Bonjour, commissaire Belloumi et félicitations pour votre promotion ! Cela encourage les filles de nos âges de constater votre réussite. Savez-vous que j'ai passé, moi aussi, le concours d'entrée, à la fin de mes études de droit ? Sans davantage de réussite que pour un poste de juge ! Mais je ne désespère pas, j'ai à peine trente ans et l'avenir encore devant moi… Surtout, tenez le coup, car les aigris vont vouloir vous casser ! Et puis, si vous avec des moments de moins bien, appelez-moi, je ne suis qu'une secrétaire de substitut, mais je sais écouter et tenir ensuite ma langue !

— Lorsque je veux que toute la ville soit au courant d'une information confidentielle, susurrai-je à l'oreille de Radia, je la confie à Julie en lui faisant promettre de garder le secret pour elle ! Le résultat est garanti, tout Quimper ne parle que de cela le lendemain !

— Voilà la raison pour laquelle Paul Capitaine m'a choisie comme maîtresse, ma discrétion ! répliqua la grande sauterelle du tac au tac. Il sait que personne ne le saura jamais !

— Ce n'est pas un peu fini, ces messes basses ! s'emporta Dominique en s'approchant de nous d'un pas décidé, nous sommes là pour travailler, non ? Bonjour, Commissaire, entrez dans mon bureau, vous êtes la bienvenue ! Alors, cette première journée, pas facile, à ce que j'ai appris ? Vous voilà tout de suite plongée dans le grand bain…

— Nous serions dans une université, on pourrait croire qu'il s'agit d'un bizutage ! ricanai-je. Un vieillard cacochyme qui vient avaler son bulletin de naissance à Quimper…

— Cacochyme ? s'étonna Dominique, je croyais qu'il était alsacien…

On était parvenus à faire sourire Radia qui se joignit à nous pour nous assurer que cela n'était pas incompatible : on pouvait très bien être alsacien et cacochyme… Dès qu'elle se détendait, son visage s'éclairait d'un pétillement malicieux et le brun de ses prunelles semblait s'éclaircir. Dominique nous suggéra de nous mettre sans retard au travail car elle avait, par la suite, la furieuse envie de tester un nouveau restaurant du boulevard Kerguelen et, naturellement, Radia et moi étions ses invités…

Le mardi matin, le médecin légiste et les services scientifiques avaient transmis leurs rapports. Quelques détails frappaient mon esprit, que je décidai de partager aussitôt avec Radia. Lorsqu'il avait eu la gorge tranchée par la lame d'un long couteau, Jean Pêcheur se tenait à genoux, comme l'indiquaient les traces de terre sur son pantalon. Comme si son assassin exigeait de lui qu'il se repente au préalable, pour un crime passé, avant de l'éliminer. La thèse du règlement de compte se trouvait confortée, celle de l'acte d'un rôdeur définitivement écartée. Quel intérêt aurait eu celui-ci à forcer sa victime à se plier devant lui et puis, comment l'aurait-il entraîné dans ce lieu désert ? Les scientifiques avaient également noté des traces fraîches de talons aiguilles dans le périmètre, cependant pas directement à proximité du corps. Comme si un individu de sexe féminin en tenue de ville avait assisté à l'exécution, à distance. Bien sûr, il pouvait s'agir d'une coïncidence, seulement le lieu était suffisamment glauque pour qu'une femme du monde ne s'y aventure pas sans raison valable.

— Pêcheur faisait partie d'un réseau de résistance, puisqu'il semblait fasciné par ce sujet, il aura dénoncé ou éliminé un traître... avança Radia en sortant une cigarette avant de la ranger à nouveau dans le paquet. Le fils de sa victime se venge, sous le regard de sa mère qui ne s'est jamais remise de la disparition de son époux...

— C'est une hypothèse plausible, Commissaire, comme le fait qu'à l'époque, Pêcheur ait pu faire partie des collabos, avant de changer de direction, comme une girouette avec le vent. Quelqu'un l'aura démasqué et aura accompli sa vengeance, tant d'années plus tard... Tenez, voici les renseignements qui nous ont été fournis par nos collègues de Nancy : Pêcheur est entré à la SNCF après la guerre, y menant une carrière sans histoire. Nous ignorons tout de son enfance, de sa jeunesse, pas une ligne inscrite, hormis la date de sa naissance à Colmar. Je vais me renseigner auprès de Schuller pour savoir qui, en plus de lui, connaissait l'horaire d'arrivée du train de Jean Pêcheur à Quimper. Le coupable sera forcément présent parmi les noms de la liste ! Je vais de ce pas à l'hôtel de l'équipe de tournage...

— Paul ? interpella la commissaire, alors que je m'apprêtai à tourner la poignée de la porte. Je suis convoquée par le préfet, j'aimerais que vous m'accompagniez... Je me sens plus forte, lorsque vous êtes à mes côtés. Et puis il a confiance en vous, il vous écoute... Et moi aussi, j'ai confiance en vous !

— Vous avez du travail de bureau urgent ? questionnai-je à mon tour.

— Oh non, le service fonctionne admirablement, je suppute même que cela devait passablement ennuyer le commissaire Chantre, au point qu'il s'en libère en le confiant à son équipe administrative, notamment à la secrétaire de direction du commissariat. Je jette un coup d'œil, je signe les papiers, tout est en ordre. Pourquoi cette question ?

— Dans ce cas, je vous propose un marché honnête : je vous accompagne auprès de Monsieur le préfet et ensuite, je vous kidnappe pour vous mener à Tréguennec, sur les lieux de tournage du téléfilm. Schuller, Chrétien et leurs acolytes doivent s'y rendre à partir de dix heures, c'est là-bas que nous les trouverons. Au grand air, vous pourrez fumer en paix et, de plus, le terrain, rien de tel pour calmer des nerfs à fleur de peau. Et puis, comme je vais les déranger, j'ai besoin de l'autorité incontestable de mon chef suprême pour leur faire entendre raison !

— Dominique m'avait prévenue, vous êtes un fieffé flatteur !

Notre préfet, comme tous les préfets, ne voulait pas de vagues : pas de scandale, pas d'enquêtes trop fouillées sur des personnages en vue. Comme Baudoin Schuller, le producteur, issu d'une grande famille de la bourgeoisie parisienne, comme Xavier Chrétien, le réalisateur, connu pour ses coups de gueule et ses prises de position sur le système actuel, ou encore Julien

Girard, l'historien romancier dont chaque nouvel opus finissait en best-seller. En un mot, le crime d'un rôdeur l'aurait parfaitement arrangé.

Le préfet me posait ses questions, négligeant, volontairement ou non, Radia, assise à mes côtés, et quand il se tournait vers elle, c'était pour la mettre en garde contre tout dérapage de l'enquête, pour lequel il la tiendrait pour première responsable, lui rappelant qu'il lui avait proposé de se poster dans le sillage d'un collègue plus aguerri. Elle répliqua que c'était pour cela qu'elle s'était permis de venir avec un élément d'expérience du commissariat, ce qui, visiblement, n'était pas suffisant pour apaiser l'éminent serviteur de l'État.

— Belloumi, vous avez la semaine pour boucler cette enquête, pas un jour de plus ! J'exige des résultats rapides, comme je les obtenais du commissaire Chantre ! C'est une question d'autorité et de savoir-faire !

— S'agissant du commissaire Chantre, mon mentor dans le métier, puisque vous faisiez référence à lui, il n'aurait pas agi différemment du commissaire Belloumi, à l'entame d'une affaire aussi délicate. Il nous aurait aussi demandé, selon sa formule, de nous hâter lentement, pour ne pas passer à côté du coupable par excès de précipitation… Vous voulez que l'enquête soit bouclée avant samedi soir ? Soit, nous relevons le défi !

— J'ai précisé ma position, à vous de jouer ! Tenez, un conseil, Capitaine : au lieu d'aller taper dans un ballon, le mercredi après-midi, avec les gamins des cités, occupez votre temps à arrêter les coupables, mission pour laquelle la République vous rétribue…

Dès la sortie de la préfecture, on éprouva le besoin de respirer une bonne bouffée d'oxygène. Radia me remercia d'avoir pris sa défense, me grondant néanmoins de m'être engagé à boucler l'enquête avant samedi, ce qui me laissait peu de temps pour cerner la personnalité du coupable. Elle s'étonna de me voir partir dans la direction opposée du commissariat, je lui expliquai que notre carrosse avec chauffeur nous attendait dans la cour du palais de justice. Elle me trouva culotté de réquisitionner un substitut du procureur pour me balader dans la région. Puis elle me questionna timidement :

— Vous allez jouer au foot avec les jeunes de la cité ?

— Oui, quand je le peux ! Un ancien pote du club me l'a demandé, c'est à mon sens un bon moyen de garder un contact avec ces jeunes qui, pour beaucoup, démarrent dans la vie avec pas mal de handicaps sociaux. Mais je vous rassure aussitôt : je le fais sur mes temps libres. Et puis, je perds quelques grammes de graisse à chaque match…

— Vous semblez apprécier particulièrement Dominique Vasseur, cela se sent, vous semblez bien vous compléter, tous les deux…

— C'est une magistrate intègre et courageuse, au parcours difficile, au physique ingrat aux yeux de certains, avec qui je forme un bon duo. Pour le boulot et hors du travail ! C'est une amie, Radia, seulement une amie.

— Et Julie, sa secrétaire, c'est vrai que...

— Qu'elle est ma maîtresse, pas vraiment ! Que nous avons couché ensemble, oui, à quelques reprises. Vous me faites passer à la moulinette alors que je viens de vous obtenir un sursis...

— Il est toujours bon de savoir avec qui l'on travaille. De fait, vous avez la réputation d'un excellent flic qui prend parfois quelques libertés avec le code de procédure et encore un peu plus avec les jolies femmes qu'il côtoie...

— Et vous craignez de succomber à mon charme irrésistible ?

— Quel ego, mon Dieu ! Déjà, j'ai quasiment le même âge que votre fille... Julie aussi, il est vrai... Pardonnez-moi, je ne suis pas attirée par les hommes d'expérience... En plus, vous ne vous intéressez qu'aux jolies filles...

— Vous êtes bien toutes les mêmes : vous prêchez le faux pour nous entendre exprimer le vrai ! Seulement, ce n'est pas au vieux singe qu'on apprend à faire la grimace...

— Tiens, Dominique nous attend sur le parvis du palais !

— Oui, elle discute avec le procureur, mon rival, celui qui prend du plaisir à lui tenir la jambe. Vous n'avez pas une peau de banane dans votre poche ?

— Ce ne sont pas les vieux singes qui mangent des bananes ?

— Décidément, le substitut Vasseur déteint réellement sur vous, je trouve là une répartie digne de son humour piquant…

Dominique Vasseur ignorait où se trouvait Tréguennec. Ceci dit, à l'allure de sa vieille guimbarde poussive, nous avions le temps de décrypter les panneaux de signalisation… Je lui suggérai de quitter la voie express de Pont-l'Abbé pour prendre la départementale qui passait à Plonéour-Lanvern. Quatre kilomètres plus loin, nous traversions le bourg de Tréguennec, deux de plus et nous étions arrivés sur le site de l'usine à galets de Prat-ar-Hastel, non loin de la longue plage. Une partie de l'équipe de tournage se trouvait là, auprès de bâtiments réhabilités à la hâte par le personnel communal, comme le stipulait le cahier des charges. Les silos de chargement n'avaient pas trop subi les outrages du temps, mais davantage ceux de jeunes énergumènes qui les avaient tagués de motifs peu heureux, d'inscriptions absconses, réservées aux initiés des raves. À présent, tout avait été nettoyé, l'équipe technique se chargeant des derniers aménagements. Le plus gros de l'infrastructure avait en effet disparu au fil des décennies, une partie avait été reconstituée par les décorateurs, selon des documents de l'époque, des photos d'archives, des plans retrouvés.

Sans parler de la voie ferrée qui, partant de l'usine,

traversait le pays bigouden pour rallier Pont-l'Abbé, la gare de Pen-Enez, celle de Tréméoc, et rejoindre le réseau à Quimper. Avec les figurants en tenue militaire vert-de-gris, on se croyait revenu à une époque que tant de gens auraient voulu ne plus jamais connaître.

Dès qu'il nous vit, Julien Girard, l'historien, s'approcha de nous pour nous saluer. Toujours le même sourire jovial, sous un bouc grisonnant un peu plus fin que celui de la victime. Il nous assura que les équipes techniques avaient fait un travail extraordinaire et qu'en fermant les yeux, après s'être imprégné de la vision du site, il lui semblait revoir l'activité de l'époque, lorsque les trains se succédaient nuit et jour, avec des wagons remplis de galets concassés. Je lui réclamai quelques détails sur la trame du téléfilm, me doutant qu'il ne se résumait pas à l'histoire des départs de convois ferroviaires.

— J'ai obtenu d'acteurs de cette épopée fantastique des renseignements précis qui m'ont permis d'inventer un canevas entre occupation allemande, faits de résistance, trahison et collaboration. Avec, des amours interdites, des destins fascinants, glorieux ou tragiques, cela va de soi. Bien sûr, les événements sont romancés, mais le fond historique est authentique.

— Vous aviez déjà rencontré Jean Pêcheur ? interrogea Radia dont la noire chevelure bouclée volait au vent marin. J'ai appris que, lui aussi, s'intéressait à cette période troublée et aux faits de résistance. C'est sans doute pour cela qu'il a été appelé comme conseiller technique…

— Il a été sollicité car Roland Joncour, historien comme moi et féru des événements du pays bigouden, a refusé le poste, prétextant son emploi du temps surchargé de professeur d'histoire-géo. Pour répondre à votre question, je ne connais pas cet homme, il n'a rien publié d'officiel, juste rédigé quelques articles pour la revue des anciens du rail. Et je ne comprends pas très bien ce qu'il pouvait connaître de plus que moi sur ce site, même si Baudoin Schuller m'a affirmé qu'il était un expert dans tout ce qui concernait l'organisation ferroviaire de l'époque. La belle affaire… Mon sujet, ce n'est pas la Bataille du rail…

Le producteur s'approchait justement à grandes enjambées. Il avait troqué son costume parisien pour une tenue de chasse qui, de loin, le faisait ressembler à un soldat. Avec sa chevelure blonde et ses yeux bleus, il aurait pu jouer le rôle du chef du camp Todt. Il se fendit d'un compliment à l'endroit de la magistrate, me demanda si mon enquête avançait, tout en serrant distraitement la main de Radia. Je cherchai aussitôt à savoir qui était au courant de la venue de Pêcheur à Quimper. Il sembla étonné de la question, toujours convaincu que la mort de son conseiller n'avait rien à voir avec le tournage.

— J'en ai parlé aux gens qui m'entourent dans ma société de production, à Xavier Chrétien et à ses assistants, à Julien Girard pour lui promettre que rien ne serait changé dans son scénario, Pêcheur intervenant seulement pour la partie technique du téléfilm.

— À quel titre ?

— Il n'existe pas en France meilleur expert en matériel utilisé dans les gares à cette époque. Saviez-vous qu'ici, on utilisait une locomotive Decauville, des pelles Weserhutte ou encore un bull Caterpillar ? Je suis tombé par hasard sur l'un de ses papiers qui concernait la gare de Pen-Enez, près de Pont-l'Abbé. La précision de ses renseignements m'a incité à solliciter ses services. Il a hésité, se sentant moyennement en forme, il a fini par accepter. Vous ne pensez tout de même pas que je l'ai égorgé, une fois qu'il a débarqué du train !

— Je partage seulement l'avis du commissaire Belloumi. Elle est convaincue que l'assassin savait à qui il s'attaquait. Voilà pourquoi elle m'a conseillé d'enquêter sur le passé de la victime et aussi sur l'emploi du temps des quelques personnes au courant du travail que vous lui aviez commandé en Bretagne.

— Votre famille, monsieur Schuller, possède bien des origines allemandes ? insista Dominique, désireuse d'enfoncer le clou. Pardonnez-moi d'avoir mené ma petite enquête personnelle sur vos origines. Il suffit de se connecter à Internet et Google se charge du reste… Votre père semble avoir parfaitement su se démarquer d'un passé trouble de ses ancêtres, proches de la propagande nazie, si mes documents sont exacts… Je ne vous accuse en rien, je constate seulement que, d'un côté, nous avons une victime éprise de faits héroïques de résistants, de l'autre un assassin qui pouvait craindre les révélations d'un témoin aussi encombrant ?

— Substitut Vasseur, puisque vous semblez aimer fouiller dans les poubelles, n'est-il pas vrai que votre carrière comporte quelques zones d'ombre qu'une mutation à Quimper n'a pas totalement effacées ? Je suis convaincu que vous vous complaisez à défendre cette version des faits que nous livrent des sites mal renseignés… Et vous, Paul Capitaine, ce retour aux sources n'est-il pas l'entame du chant du cygne ? Vos états de service au nom de la patrie ne sont pas irréprochables, si j'en crois quelques brûlots répandus… Je ne laisserai pas deux personnages équivoques, flanqués d'une policière néophyte, me traîner dans la boue, croyez-le bien ! Je vous l'ai dit, j'ai des relations ! Un seul nouveau sous-entendu de cet ordre et je vous brise tous les trois sans le moindre état d'âme !

— Dans ce cas, vous allez faire profiter la policière néophyte que je suis à vos yeux, de votre expérience incomparable ! enchaîna Radia Belloumi en se redressant pour paraître plus grande. Vous avez une idée de l'identité du criminel, pour vous sentir si sûr de vous… Connaîtriez-vous quelques détails sur le parcours de Jean Pêcheur que vous nous auriez cachés ?

— Je vous déclare seulement que je suis innocent et que ma parole doit vous suffire ! répliqua le producteur en se retournant pour rejoindre son équipe. La découverte du coupable, c'est votre boulot ! Le mien, c'est de mettre en valeur des faits de résistance en produisant le magnifique récit de Julien Girard. Pardonnez-moi, j'ai à faire, et vous aussi, je crois...

Sur le chemin chaotique du retour à la voiture, je dus secouer mes compagnes d'infortune pour les supplier de ne pas succomber aux intimidations d'un gars qui, s'il n'était sans doute pas le coupable, n'était pas très net pour autant. Dominique marmonnait sa colère, comme à chaque fois que son passé lui revenait à la figure ; même innocente, elle le subissait comme un pénitent porte sa croix. De son côté, Radia crachait son dégoût de ces gens qui se pensaient intouchables et possédaient le pouvoir de bousiller la carrière de serviteurs honnêtes de l'État. Toutes deux soliloquaient, aussi décidai-je de prendre l'initiative de la suite de l'emploi du temps, tout en notant que Schuller, Girard et Chrétien savaient tous les trois que Jean Pêcheur arrivait en gare de Quimper par le TGV de Paris. Ils restaient donc, jusqu'à preuve du contraire, sur la liste des suspects potentiels.

Je proposai d'aller à la rencontre de Roland Joncour, le professeur d'histoire-géo qui avait refusé le rôle de conseiller pour le téléfilm. Une décision étonnante pour un expert de la Résistance en pays bigouden ! Craignait-il que quelque page obscure de l'histoire locale ne fût déterrée ? Une hypothèse qui méritait d'être vérifiée... Dominique suggéra, puisque nous n'étions pas loin du bourg de Tréguennec, d'aller consulter les archives à la mairie pour mieux comprendre l'atmosphère qui y régnait à cette époque. La paix de cette région littorale avait dû se trouver fortement altérée par la présence des troupes de l'organisation Todt sur le territoire de la commune. Une bonne manière d'utiliser la petite heure qui nous séparait de la coupure de mi-journée. Avec un peu de chance, une figure locale aurait rédigé un petit document sur le déroulement des opérations allemandes et le rôle des maquisards de la commune, les actions menées contre les trains de galets…

II

À la mairie, nous avions eu le bonheur de croiser le premier magistrat, Marc Kerveil, qui avait consenti beaucoup d'efforts, comme la mise à disposition du centre aéré pour accueillir les équipes de tournage. Il voyait le téléfilm comme une aubaine pour la commune, une page de publicité qui allait attirer vers la plage de Tréguennec et le site de l'usine de concassage de galets des centaines de touristes. Cela allait apporter de la vie au bourg et des clients au camping.

Il avait appris avec tristesse la mort du conseiller technique, avant de recevoir l'assurance de Baudoin Schuller que le projet serait cependant mené à bien. Marc Kerveil était instituteur à Plovan, la commune voisine, mais il résidait avec sa famille dans une petite maison du bourg de Tréguennec. Il avait une quarantaine d'années, l'âme d'un passionné pour sa petite cité de près de trois cent cinquante âmes, néanmoins il avouait ne pas oser évoquer un passé encore sensible dans la mémoire de nombre de ses administrés. Certains descendaient de familles de maquisards, d'autres de collaborateurs discrets des Allemands, une poignée avait choisi une certaine neutralité. Il finit pourtant par expliquer que, si la gare de Prat-ar-Hastel représentait le point de départ des convois, le centre névralgique se situait sur Pont-l'Abbé et Tréméoc, notamment à la gare de Pen-Enez.

Un septuagénaire qui avait suivi la conversation, tout en attendant de recevoir une copie de cadastre des mains de la secrétaire, apporta quelques précisions sur l'état d'esprit de l'époque :

— Quand les Allemands ont débarqué par ici, nous étions tous méfiants. D'autant que le chef de l'usine qu'on appelait l'homme au cheval blanc, n'était pas commode. Je me souviens d'avoir vu ma mère s'arracher la coiffe alors qu'il traversait les champs de sarrasin au mépris des cultures. Et comme elle avait manifesté son mécontentement, il l'avait frappée avec sa cravache... J'étais môme, mais cela marque, des images comme celle-là !

— La coexistence a dû être terrible ! compatit Dominique.

— Notez que les gens de la région ne s'en sont pas forcément plaint, car l'usine utilisait des civils dans sa main-d'œuvre. Cela a permis à des femmes de la commune ou à des marins désœuvrés de ramener quelques sous à la maison. Bien sûr, il s'en est trouvé pour les critiquer d'avoir accepté de travailler pour l'ennemi, mais avaient-ils le choix ? De toute manière, s'ils n'avaient pas été volontaires, s'ils n'avaient pas répondu à la réquisition organisée, cela se serait achevé par une mobilisation à la suite d'une rafle, alors... Il est des endroits où des femmes ont été appelées pour des travaux de terrassement en raison de la pénurie de bras. Et celles qui refusaient se voyaient brandir la menace de déportation…

— L'usine a certainement subi des tentatives de sabotage, durant cette période… intervins-je, espérant une réponse qui irait dans le sens que j'espérais. La Résistance n'est certainement pas restée inactive…

— Mon pauvre monsieur, comment voulez-vous attaquer un périmètre surveillé en permanence, aussi éclairé durant la nuit que des villes comme Brest ou Lorient ? Imaginez que l'usine n'a pas eu à subir une seule attaque aérienne, alors que les communes de la région ont été pilonnées… Certains ont bien pensé organiser un coup, lors de la visite de Rommel au camp Todt…

— Parce que Rommel est venu à Tréguennec ? m'étonnai-je.

— Eh oui, mon bon monsieur ! Au début de l'année 1944… Il venait demander un effort supplémentaire aux troupes, car il devait pressentir un débarquement imminent… À cette époque, dix longs trains quittaient chaque jour l'usine, remplis de galets concassés. C'était quelque chose ! On avait de tout, sur la commune ; des Allemands, bien sûr, mais aussi des travailleurs réquisitionnés dans le nord de la France, en Belgique et même en Pologne… Les malheureux se relayaient jour et nuit pour remplir les wagons. Dire que certains veulent raser l'usine…

— Donc, l'usine n'a jamais été attaquée, insistai-je.

— Pas une fois ! Les seuls combats que nous avons connus ici se sont déroulés en mer. Deux navires allemands ont été coulés au large, mais c'était à la fin de la guerre… Si vous voulez des faits de résistance, allez plutôt chercher du côté de Pont-l'Abbé ! Bon, ce n'est pas tout, il faut que je rentre si je veux casser la croûte en regardant le journal télévisé…

Pour le déjeuner, Dominique nous avait déniché une adresse de son carnet ; les crêpes étaient délicieuses et le cidre parfait. Radia avait pignoché sur sa deuxième “complète” qu'elle regrettait d'avoir commandée. On se ligua pour lui expliquer qu'il fallait nourrir les nerfs pour tenir le coup, qu'elle pouvait aussi se permettre de prendre un ou deux kilos supplémentaires, si jamais les grands vents soufflaient sur la côte, avant la fin de l'enquête. On parvint à la dérider, seulement pas moyen de lui faire avaler une bouchée de plus ! Après un bon café bien chaud, on se rendit donc vers les bords de la rivière de Pont-l'Abbé où Roland Joncour nous attendait à son domicile, étonné de notre intérêt pour le passé de la région. On croisa juste son épouse qui travaillait à l'hôpital de la ville et allait reprendre son service. Elle nous proposa un café que je déclinai, mais que mes deux compagnes d'enquête acceptèrent avec plaisir.

Roland Joncour avait environ quarante-cinq ans, une tête de savant fou avec une calvitie prononcée et une couronne ébouriffée qu'aucun peigne ne semblait pouvoir dompter. On évoqua la mort de l'homme qui l'avait remplacé en qualité de conseiller technique sur le film, la conviction qui se forgeait solidement en nous : sa mort avait un rapport avec le passé de la région et sa connaissance des événements survenus entre Tréguennec et Tréméoc durant la dernière guerre.

Pourtant, rien ne nous assurait qu'il avait seulement mis un jour les pieds en pays bigouden.

— Les gens d'ici sont des taiseux, la mentalité bigoudène n'est pas expansive ! expliqua l'enseignant. Pourtant, la Résistance s'est rapidement organisée sur la région. Notamment les francs-tireurs, très actifs ! Pont-l'Abbé a payé un lourd tribut au nazisme en raison d'actions qualifiées de terroristes, notamment contre la voie ferrée aux abords de la gare de Pen-Enez et les trains de galets concassés, mais aussi à cause des récupérations d'armes par les patrons des bateaux de pêche, au nez et à la barbe des Allemands ! Le siège de la Kommandantur était situé dans les bâtiments du collège Saint-Gabriel. Là, les interrogatoires de suspects, pris dans des rafles, étaient particulièrement musclés, surtout s'il s'agissait de résistants présumés, d'auteurs d'actes de sabotage. Par chance, des patriotes y travaillaient, ils parvenaient parfois à prévenir les personnes concernées des risques d'un coup de filet… Mais le lieu majeur de la région était la gare de Pen-Enez, sur la route de Tréméoc.

— Possédez-vous, dans vos archives, un document concernant la présence de Jean Pêcheur dans la région ? réclamai-je à notre interlocuteur pour revenir à l'essentiel. Nous pensons plausible l'hypothèse d'un règlement de compte, bien des décennies plus tard. C'est la seule explication au fait qu'un gars originaire de l'est du pays se fasse égorger dans un terrain vague de Quimper. Le temps efface beaucoup de blessures, pas les douleurs de la mémoire ! Notre disque interne est comme certains DVD : on ne peut supprimer totalement ce qui y est imprimé. La mort de Jean Pêcheur, c'était une exécution…

— Vous ne me soupçonnez tout de même pas de ce meurtre ! s'offusqua l'enseignant.

— Pourquoi, nous devrions ?

— Je suis le petit-fils d'un résistant, membre d'un réseau FFI qui plastiquait les poteaux télégraphiques dans la région pour désorganiser l'œuvre des nazis. Un jour, un collabo a dénoncé le groupe, alors qu'il venait de s'en prendre à la gare de Pen-Enez. Des S.A. de la Kommandantur sont venus chercher mon grand-père à son domicile sous les yeux de son fils de dix ans, mon père. Ce qui marqua celui-ci, au point de pleurer quand il racontait cette scène à sa famille, c'était la sérénité de celui qu'il n'allait jamais revoir. Mon grand-père est mort à Buchenwald, jamais mon père n'est parvenu à savoir qui l'avait vendu, il valait mieux, sans doute… Il avait sa petite idée, insuffisante pour accuser…

— Je suis désolé, je ne voulais pas vous blesser !

— Pour ma part, j'ai choisi de cultiver la mémoire de mon aïeul en rassemblant les faits de Résistance dans la région bigoudène. Si j'avais appris que Jean Pêcheur était le délateur, je ne l'aurais pas tué, par vengeance stupide, j'aurais certainement cherché à comprendre comment il avait pu vivre avec ce poids sur la conscience, durant tant d'années ! Seulement cet homme ne se nommait certainement pas Jean Pêcheur car, tout d'abord, il ne se trouvait personne de ce patronyme, à l'époque, dans la région. Et puis, si tel avait été le cas, il n'aurait pas accepté la proposition du producteur !

— Et vous, pourquoi avoir refusé le poste ? reprit Dominique, flairant la bonne piste. Votre emploi du temps n'est pas la véritable raison, n'est-ce pas ?

— J'ai eu l'occasion de lire l'ouvrage de monsieur Girard. Je vous suggère d'en prendre connaissance, c'est instructif ! J'imagine le scénario du téléfilm proche de la version écrite, j'y vois une part de vérité historique, une épopée romantique touchante et un ressort dramatique qui culmine avec un fait qui sent terriblement le vécu : le viol d'une jeune paysanne de seize ans par un soldat allemand, en représailles à un acte de terrorisme des maquisards. Le réalisme de la description de la scène est tel que je n'ai pas pu lire le passage jusqu'à la fin ! Girard n'a pas pu vivre cette scène personnellement, sa mère peut-être. Je serais vous, je chercherais plutôt dans cette direction… Sans vous commander, naturellement ! En fait, j'ai refusé de participer à ce travail de mémoire pour ne pas faire surgir d'éventuelles vieilles rancœurs de l'inconscient collectif de la région…

— Nous serons certainement appelés à nous revoir, monsieur Joncour, pour que vous éclairiez notre lanterne sur certains points de notre enquête, si elle doit nous conduire dans les années 1942-1945, conclus-je en me levant du canapé, imité par la magistrate et la commissaire. Si entre-temps, un souvenir vous revenait, susceptible de nous orienter vers le plus petit début de piste que nous pourrions explorer, n'hésitez pas à nous appeler, voici ma carte, avec un numéro de portable…

Durant le rapide trajet qui nous ramenait à Quimper par la voie express, Radia me demanda mon sentiment. Elle était étonnamment restée en retrait, durant la discussion avec Roland Joncour. Cela me surprenait de sa part, cependant j'avais décidé de ne pas lui en adresser le grief. Je lui avouai que, pour l'instant, je me trouvais encore dans le flou, tout en voyant l'étau se resserrer autour de quelques personnages principaux. Je me promis de réclamer à Julien Girard un exemplaire de son scénario et quelques explications sur la raison d'un passage aussi violent, à moins qu'il ne se justifie dans le fil de l'histoire. D'un autre côté, Roland Joncour me semblait en savoir plus qu'il n'avait voulu nous en dire sur cet épisode de la vie locale durant l'Occupation, comme si le drame de cette jeune paysanne le touchait de près. Il nous fallait absolument obtenir davantage de renseignements sur ce Jean Pêcheur, car pour l'instant nous ignorions quasiment tout de lui !

Dominique nous déposa devant le commissariat avant de retourner à son bureau, Radia me quitta à son tour pour monter à son étage, où des paperasses officielles l'attendaient certainement. Pour ma part, je pris RMC entre quatre yeux pour lui réclamer le fruit de ses recherches. Le résultat fut édifiant :

— Je ne m'attendais pas à ce qu'un brave homme de quatre-vingt-huit ans possède une tribu sur Facebook, cependant de là à ne pas laisser de trace sur la toile, c'était quand même bizarre ! Eh oui, même si le patronyme semble courant, les résultats sont quasi nuls ! Par contre, des pêcheurs qui se prénomment Jean, j'en ai récupéré plein mes filets, mais cela ne fait pas notre affaire ! Alors, vous me connaissez, j'ai fouiné ! J'ai appelé l'association de cheminots retraités à laquelle il était inscrit et j'ai cherché à savoir s'il n'avait réellement pas de famille. Eh bien, vous me croirez si vous voudrez, ce gars n'a plus de parents, ce qui est relativement logique à son âge, pas de frère ni de sœur, pas d'épouse, donc pas d'enfant !

— On ne vit pas et on ne disparaît pas sans laisser de traces quand même ! m'exaspérai-je.

— J'ai téléphoné à l'état civil de Colmar, puisque les seuls renseignements dont nous disposions étaient son année et sa ville de naissance. Eh bien, vous me croirez si vous voulez, pas de trace de Jean Pêcheur, cette année-là, dans les cahiers officiels ! Et pas davantage dans les années précédentes ni celles qui suivent !

— Dans ce cas, qui se cache derrière ce nom d'emprunt ? James Bond, le soldat inconnu, Ben Laden ?

— Et c'est alors, quand tout semble perdu, que Rose-Marie Cortot, alias RMC, exprime son réel talent, celui-là même qui n'est pas reconnu à sa juste valeur au sein de ce commissariat ! Je suis allée plus loin dans les investigations, j'ai fait marcher mes méninges, les puces de ma bécane et les touches de mon téléphone…

— Oui, et alors ?

— Alors j'ai retrouvé la trace d'un Hans Fischer, Jean Pêcheur en allemand, qui naquit bien à Colmar, cette année-là. Un petit gars enrôlé de force dans l'armée allemande, comme beaucoup d'Alsaciens paraît-il, que l'on appela, selon ma correspondante, si j'ai pu tout déchiffrer de ses explications, malgré son effroyable accent, les « Malgré-nous » ! Ils ont été plus de cent mille jeunes garçons de la région à devoir combattre sous un uniforme qu'ils détestaient. Pratiquement tous furent enrôlés dans la Wehrmacht et expédiés sur le front de l'Est. Seulement, le jeune Hans, dix-sept ans à l'époque, était cheminot et excellent mécano. Cela lui évita la Sibérie. À mon avis, sa feuille de route devait indiquer : destination Bretagne ! La suite, c'est à vous de la trouver, je vous aurais mis sur les bons rails.

— Qui me prouve que ce n'est pas une voie de garage ? rétorquai-je, de totale mauvaise foi.

— Quel ingrat ! Je connais des patrons qui offrent quinze jours de vacances aux Antilles à leur petit personnel pour un résultat aussi exceptionnel.

— Ne comptez pas sur une telle largesse de ma part ! déclara une voix féminine déjà rendue bien rauque pas la fumée des cigarettes.

RMC s'arrêta net, bouche ouverte, et, en tournant la tête, je découvris le commissaire Radia Belloumi, le visage fermé. « Décidément, elle ne peut plus se passer de moi », pensai-je en fermant les yeux, comprenant que tout n'allait pas comme elle le désirait dans son emploi du temps. Elle demanda à me parler, je la dirigeai vers mon bureau, mais elle souhaita sortir ; j'en conclus qu'elle voulait parler et fumer. Je n'avais pas tort. Elle ne put attendre l'air libre de la rue Théodore Le Hars pour allumer sa énième blonde de la journée. On se dirigea vers l'Odet, elle franchit le pont et marcha sans parler en direction du jardin de l'Évêché. Je la sentais proche de craquer, elle tirait fébrilement sur sa tige, sa main tremblait, son pas était saccadé. On passa le porche pour se retrouver au calme des miasmes de la ville, abrités par les remparts et Saint-Corentin. Elle s'assit sur un banc, alluma une seconde cigarette, referma les pans de son manteau bleu marine.

— Ils veulent tous ma peau et ils l'auront, Paul ! Je ne me sens plus la force de lutter ! Je viens à peine de prendre mes fonctions et je suis proche de monter dans le premier train pour m'enfuir loin d'ici ! Donnez-moi une seule bonne raison de m'accrocher à ce poste !

— Si vous n'aviez pas tenu à cette place, vous ne seriez pas venu me chercher pour que je vous persuade de résister au chant des mauvaises sirènes ! Vous avez une semaine à tenir, Radia, durant laquelle rien ne vous sera épargné, pour les trois raisons que vous connaissez parfaitement : vous êtes jeune, vous êtes une femme, vous êtes maghrébine !

— Mais je suis née en France autant que tous ces gens qui ricanent sournoisement à mon passage ! C'est cela, la grande famille de la police ? C'est cela la France "black-blanc-beur" de Thuram, Barthez et Zidane ?

— Toutes les familles ont leurs problèmes, leurs brebis galeuses, leurs moutons noirs, même la police ! Vous ne fuirez pas une réalité affligeante en fichant le camp loin d'ici, au contraire ; à mon sens, ailleurs, cela peut être pire encore qu'à Quimper ! Que vous ont-ils fait, cette fois ?

— Vous connaissez un quartier qui s'appelle Kermoysan ?

— Oui, c'est un secteur où nos collègues rencontrent parfois des problèmes. Un quartier cependant bien moins enflammé que ceux que vous avez pu connaître, celui de jeunes souvent oisifs, faute de décrocher un job, celui des incompréhensions ethniques, des préjugés à fond raciste, des clans qui s'affrontent sur ce qui les divise au lieu de bâtir l'avenir en conjuguant leurs différences. C'est là le quartier où je passe une demi-journée à jouer au foot avec les gamins...

— Cela c'est, semble-t-il, votre version quasi idyllique de la situation, le côté positif ! La face sombre est tout autre. Selon vos collègues, c'est un repaire de futurs truands. Ils ont effectué un contrôle des papiers, en fin d'après-midi, qui a dégénéré ; le quartier menace de s'enflammer, un élu a appelé le préfet en urgence, il me demande d'intervenir rapidement, d'assumer les responsabilités qu'exige ma fonction, pour faire respecter l'état de droit. Je ne sais même pas où ce quartier se situe, sur un plan de la ville, comment pourrais-je agir ?

Comprenant la situation, mais aussi les intentions de quelques collègues proches de certaines thèses extrémistes, je décidai d'appeler Florence Le Moal, l'adjointe au maire chargée du quartier de Penhars. J'avais eu l'occasion de la rencontrer à deux reprises, alors que je me défoulais sur le terrain avec les gamins ; elle avait apprécié mon implication dans le renforcement du tissu social. Elle m'avait proposé d'échanger nos 06 ; devant mon regard ébahi, elle avait compris que j'avais raté quelques marches de l'échelle du progrès. Elle m'avait demandé si j'avais un portable, elle l'avait saisi, y avait entré son numéro et récupéré le mien. Avant d'éclater de rire en relevant les yeux vers ma mine stupéfaite.

Depuis ce premier contact, on avait eu d'autres occasions de rencontres pour échanger nos points de vue sur le quartier, sur la ville, sur la société. Beaucoup d'idées nous unissaient, des actions aussi, pour concrétiser les belles paroles. Je l'appelai, elle décrocha, elle se trouvait justement à la mairie de quartier, soucieuse de ramener la paix car certains de mes collègues avaient mis de l'huile sur le feu, selon sa version des faits. Je lui promis d'arriver au plus vite, elle trouva mon appel providentiel, elle n'avait pas osé réclamer un coup de main, de peur de me déranger. Avec infiniment de persuasion, je parvins à convaincre Radia de m'accompagner, lui promettant de lui livrer une analyse succincte mais impartiale de la situation, avant que nous n'arrivions sur place.

Comme nous n'avions pas de véhicule, j'appelai un taxi qui me menait fréquemment à Bénodet. Par chance, il se trouvait libre. Un quart d'heure plus tard, on descendait du véhicule, à quelques encablures du cœur de l'ancien bourg de Penhars. Très vite, les risques de dérapage de la situation nous alarmèrent. Devant la mairie, deux groupes étaient prêts à en découdre ; d'un côté, des jeunes du quartier, hors d'eux, criant des injures à l'adresse des forces de l'ordre. De l'autre, des collègues, plutôt dépassés par les événements, endiguant avec difficulté les velléités belliqueuses d'une vingtaine de fanatiques proférant des propos racistes, réclamant l'arrestation des loubards.

Radia se blottit par réflexe contre mon épaule, alors

que nous avancions pour passer entre les belligérants. Par chance, je reconnus quelques-uns des jeunes avec qui je jouais au foot et sur qui je pourrais m'appuyer, un peu plus tard, pour obtenir une version cohérente des faits. Même si le programme de rapprochement entre forces de l'ordre et jeunes des quartiers à risque avait fait long feu, je trouvais l'idée intéressante, sur le plan humain, et je continuais à l'appliquer, dans la mesure de ma disponibilité, plus satisfait de prôner un dialogue naturel que d'utiliser la force à la première échauffourée. Une pratique qui, bien sûr, n'engageait que moi ! Je croyais trop aux vertus fraternelles du sport, du football surtout, et aussi à celles de la communication directe, capable de désamorcer bien des bombes, pour planter du jour au lendemain une initiative qui me procurait infiniment de satisfaction.

On arriva enfin à l'intérieur de la mairie annexe où les éclats de voix me semblaient à peine moins stridents qu'à l'extérieur. Florence Le Moal me sembla bien fragile, petite poupée blonde d'un peu plus de trente ans, entourée de commerçants du quartier, d'élus de tous bords, de l'un de mes collègues qui ne reconnut pas aussitôt sa grande patronne, restée dans mon sillage rassurant. Les uns et les autres disaient tout et son contraire jusqu'à ce que je tape du poing sur la table pour leur apprendre que le commissaire Radia Belloumi avait fait le déplacement en personne pour entendre leurs griefs. En un instant, le silence se fit.

Je proposai à Florence de résumer la situation et les points de désaccord. Bien sûr, sa façon de présenter les événements fut discutée par certains, cependant pas par mon collègue qui convint qu'ils avaient reçu des ordres précis pour faire preuve d'autorité.

— À ma connaissance, enchaîna Radia, soudainement revigorée, je suis la patronne de la maison et je n'ai jamais commandé à l'une de mes unités de venir vérifier les identités des habitants du quartier de Kermoysan ! Cet incident n'aurait donc jamais dû se produire et il n'est pas le fait de la police ! Je remercie, dans la foulée, le citoyen courageux qui a téléphoné directement au préfet pour le tenir informé de la situation, l'exagérant certainement à dessein, dans l'espoir de voir débarquer le GIPN ! Attention, je ne prends parti pour personne, je tiens juste à dire qu'avec un minimum de civisme, on peut éviter ces débordements néfastes au bon climat du quartier. J'attends donc de chacun de vous, responsables d'un camp ou d'un autre, que vous repreniez vos troupes en main en leur expliquant qu'il s'agissait d'un malentendu !

— Bien sûr, vous allez prendre la défense de ces glandeurs ! éructa une voix anonyme, en fond de salle. Reconduisez-les chez eux dans le premier charter et qu'ils y restent tous ! Vous incluse, bien sûr !

— Je préfère ne pas répondre à une parole aussi désobligeante ! répliqua Radia en s'avançant vers le milieu de la pièce pour tenter de découvrir le visage de l'individu qui désirait lui offrir un long séjour de l'autre côté de la Méditerranée. Je suis en poste à Quimper pour garantir l'ordre dans la ville et la sécurité des habitants, sans parti pris, en toute impartialité. Ma couleur de peau pose un problème à certains ? Je suis désolée, je suis née avec ! En France, comme vous, mais avec ce teint bronzé ! Dans le camp adverse, vous jubilez ; une Beurette à la tête des keufs, vous ne craignez plus rien ! Grosse erreur : je ne ferai aucun favoritisme de ce genre ! Un délinquant est un délinquant, quelle que soit la couleur de sa peau ; et un innocent n'aura rien à craindre, d'où qu'il vienne ! Que cela soit clair pour tout le monde ! Maintenant, nous vous laissons discuter et trouver des solutions pacifiques à vos différends…

Radia sortit la première de la mairie, imperméable aux invectives des uns et des autres, le pas décidé, la tête haute ; je la suivis de près, craignant pour sa sécurité au milieu de cette bande d'excités, Florence Le Moal m'emboîta le pas, suivie par les différents responsables qui, en quelques gestes, firent savoir à leurs proches que tout était arrangé. En un instant, le brouhaha extérieur fit à son tour place à un murmure empli de respect. Radia venait de mériter ses premiers galons de commissaire…

Soulagée de l'issue de l'algarade, Florence arborait un double sourire : elle avait échappé à un affrontement toujours préjudiciable ; de plus, elle savait à présent qu'elle possédait une interlocutrice compréhensive à la tête de la police ; Radia trouvait un premier point d'appui pour bâtir une stratégie de sécurité sur la ville. Elles promirent de se revoir très vite et quand elles décidèrent de s'échanger leurs 06, je savais ce que cela signifiait…

Seul en tête-à-tête avec Radia, avant de la quitter pour regagner Bénodet, je ne pus m'empêcher de lui avouer qu'elle m'avait bluffé en s'exprimant avec autant d'assurance devant tous ces gens prêts à la croquer.

Elle sourit, me remercia de l'avoir si longuement écoutée et bien conseillée, mais aussi d'avoir senti ma présence rassurante à ses côtés durant son intervention. Elle me souhaita une bonne soirée en s'excusant de me l'avoir quand même un peu pourrie. Elle avait changé en l'espace de deux heures ; son visage, son regard, même sa voix ! Et puis elle n'avait pas sorti une seule cigarette de son paquet…

Dès mon arrivée à la maison, au bout de la pointe Saint-Gilles, Sarah me demanda où j'étais passé. Comme elle avait appris que j'avais quitté le commissariat en compagnie de Radia, elle ne put s'empêcher de glousser :

— Décidément, la patronne ne peut plus se passer de toi, on va finir par vous pacser ! Fais gaffe, mon Papounet, je te connais bien ! Ton charme irrésistible est en train d'opérer sur notre jeune commissaire en mal de repères et d'épaules solides ! Et comme tu n'as jamais su résister aux sollicitations d'une jolie femme, je crains le pire…

Je ne répondis même pas, ma fille apprendrait le lendemain comment nous avions occupé notre temps. Je lui demandai si mon père était couché, elle haussa les épaules, une manière de me dire qu'elle avait tout assumé, en bon petit soldat. Elle se dirigea vers le frigo et me sortit un reste de macédoine de légumes et une tranche de jambon. Puis elle s'installa devant la télé. Je me confectionnai un petit plateau-repas et je vins m'installer à mon tour dans le salon. Au bout d'un moment, elle vint s'asseoir sur l'accoudoir et posa sa tête sur mon épaule. J'aimais lorsque ma fille posait sa tête sur mon épaule !

III

Le mercredi matin, un dossier complet m'attendait sur mon bureau, à propos du dénommé Hans Fischer. Avec un petit mot amical de RMC, pour qui une telle recherche représentait un plaisir, presque un challenge, plus qu'un travail. Je ne voulais pas savoir comment la jeune Antillaise s'y prenait exactement pour obtenir ses renseignements informatiques. Parfois, je lui avouais en souriant que si des milliers d'agents de la CIA encerclaient un jour la ville, c'est qu'elle aurait été repérée ! Pourtant, son talent nous tirait un paquet d'épines du pied ; mais cela, jamais je ne me risquerais à le lui avouer !

— Ne me regardez pas comme cela, Paul, je n'ai tué personne pour obtenir ces informations ! se justifia Rose-Marie qui lisait dans mes pensées. Je me suis juste inscrite à un forum où dialoguent des gars passionnés de la guerre 39-45 ! Je l'ai fait à partir de mon propre portable, dans ma chambre du Colibri, sous le pseudo de Marie-Galante, j'ai expliqué que je recherchais des renseignements sur un certain Hans Fischer, militaire en pays bigouden entre 42 et 45, et j'ai attendu. J'ai reçu pas mal de réponses pour me souhaiter la bienvenue, rien de bien important, puis j'ai obtenu ce message : « *Bonjour, Marie-Galante, l'homme que tu recherches était un soldat allemand qui dirigeait le trafic des convois de galets concassés, à partir de la gare de Pen-Enez à Tréméoc. As-tu eu affaire à lui, faisais-tu partie d'un réseau de résistants, es-tu l'enfant de l'un de nos compagnons ? Tu en sauras certainement davantage sur lui en réclamant des renseignements à la mairie de Tréméoc, car beaucoup de rumeurs ont couru à son sujet, que je ne peux te révéler encore, n'ayant jamais pu en vérifier les sources. Yann Melen.* »

— Ce gars n'est pas un fondu de la toile, il n'a même pas pris le soin de prendre un pseudo ! constata l'Antillaise.

— Et tu as donc pu le localiser, par la suite ?

— Vous savez que l'esclavage a été aboli par Victor Schœlcher en 1848 ? Pardonnez-moi, j'ai pris quelques heures pour dormir, je ne suis pas Superwoman… De plus, notre gars doit être inscrit sur liste rouge, il n'est pas dans les Pages Blanches. Par contre, on le retrouve dans des récits de faits de résistance, dans le pays bigouden, au sein des francs tireurs, les FTP !

— Je connais quelqu'un, sur Pont-l'Abbé qui m'en dira certainement davantage sur ce Yann Melen. Bravo, Rose-Marie, une fois de plus, tu as justifié ta paie !

Je décidai de me rendre au Colibri, le bar établi en face du commissariat, dans lequel je n'avais pas mis les pieds depuis quelques jours, faute de temps. C'était à la fois un café, un bureau de tabac, un dépôt de journaux, une brasserie pour la restauration rapide, et en plus, Isabelle et Jean-Luc, les patrons, louaient au mois les chambres de l'ancien hôtel ; l'une d'entre elles avait été investie par Rose-Marie Cortot, trop heureuse de trouver un toit en face de son boulot, ce qui lui permettait de gagner une demi-heure de sommeil chaque matin. Sarah avait gardé la sienne, juste à côté, qu'elle occupait encore le week-end, quand elle sortait en boîte avec sa copine et craignait de rentrer à Bénodet en voiture. Par contre, ma fille refusait de me faire un double de la clé, convaincue que je n'utiliserais pas sa piaule pour me reposer, mais davantage pour "m'envoyer en l'air" avec l'une de mes conquêtes occasionnelles. Notez bien, elle n'avait pas tout à fait tort, quoique…

Dès qu'il me vit, Jean-Luc Confort – drôle de nom quand on loue des turnes à l'équipement rudimentaire – arbora son plus large sourire.

— Garde-à-vous, Messieurs-Dames ! Voici le capitaine Paul Capitaine en personne qui nous fait l'honneur de sa présence…

Devant moi, je notai une queue-de-cheval noire et bouclée, tombant sur un manteau bleu marine, je sus aussitôt que c'était Radia.

À l'annonce tonitruante de son mari, Isabelle, son épouse, une copine de jeunesse, sortit de sa cuisine, elle aussi avec un large sourire. Elle me fit la bise et me demanda comment j'allais. Je me retournai aussitôt vers Jean-Luc.

— Là, tu viens de commettre une énorme erreur diplomatique, de celles que l'on met plusieurs semaines à rattraper ; tu as devant les yeux la nouvelle commissaire de police, une patronne que tous nos collègues du pays nous envient déjà, et je suis certain que tu ne l'as pas accueillie à ton zinc avec autant d'éclat !

— Non seulement cela, en plus, je l'ai tancée pour ne pas avoir éteint sa cigarette en entrant dans mon troquet ! avoua le cafetier, profondément navré. Je lui ai dit que je ne voulais pas d'ennuis avec la police !

— Radia, je vous présente Isabelle et Jean-Luc, patrons du Colibri, l'annexe du commissariat. Madame et monsieur Confort, voici le commissaire Belloumi, nouvelle tête, ô combien agréable à contempler, de la police quimpéroise ; mais aussi, il est vrai, fumeuse invétérée ! Personne n'est parfait…

— Et en plus, je bois beaucoup de café ! soupira Radia en haussant les épaules.

— Paul, je pense que quelqu'un t'attend, à la table de l'angle… murmura Jean-Luc en se penchant vers mon oreille.

Je lui commandai un express et tournai la tête pour découvrir mon meilleur ami d'enfance, Ronan Feunteun, à présent journaliste à *Ouest-France*. On s'était suivis depuis la maternelle, on avait usé les mêmes bancs de lycée et de collège, joué ensemble au stade Q. depuis les poussins, fréquenté les mêmes filles jusqu'à ce que je quitte la Bretagne sans qu'il en comprenne la raison. Dès mon retour au pied de Saint-Corentin, nous avions renoué et rattrapé le temps perdu. Cela s'était soldé par un accord tacite : je lui réservais la primeur des enquêtes que je résolvais, en échange, il m'aidait en fouillant dans les archives du quotidien.

Je m'approchai de lui, il se leva, on s'embrassa. Il me parla du temps. Si la météo n'existait pas, il faudrait l'inventer. La couleur du ciel pour une conversation, c'est comme les préliminaires pour l'amour, en nettement moins jouissif.

Il me parla de Françoise, une copine devenue sa compagne, certain que je savais pour eux deux, il évoqua leur récente escapade amoureuse pour des vacances au soleil…

— Ronan, tu n'as pas à te justifier ! coupai-je, un tantinet agacé. On a cinquante balais, on ne va pas se la raconter ! Soyez heureux tous les deux, vous êtes faits l'un pour l'autre ! Si j'ai été l'étincelle pour Soizig, tant mieux ! Si on passait à un autre sujet, veux-tu ?

— Tu as raison, je ne suis pas venu seulement pour cette histoire ! reconnut-il à voix basse. En fait, deux sujets semblent entourés de mystère depuis le début de la semaine. La mort de ce gars de l'est de la France, Jean Pêcheur, découvert dans un terrain vague d'Ergué-Armel, et le manque d'autorité du nouveau commissaire dans la gestion des troubles publics de certains quartiers. Je ne veux pas publier les indiscrétions de la préfecture à son sujet sans entendre ta version. Pour la première affaire, on me dit qu'elle insiste à vouloir impliquer un producteur parisien, alors qu'il s'agit d'un crime de rôdeur, pour la seconde qu'elle aurait pris la défense de loubards qui avait agressé une patrouille de police…

— Tu peux écrire, en me citant, que la victime, Jean Pêcheur, se nomme en fait Hans Fischer, un Alsacien qui a combattu, contraint et forcé, dans les rangs allemands durant la dernière guerre mondiale. Nous n'en savons pas davantage sur lui pour l'instant, mais l'équipe de la Crim', sous la direction du commissaire Belloumi, aura bouclé l'affaire avant la fin de la semaine. J'aurais d'ailleurs besoin de tes services pour fouiner dans les archives à propos de ce qui s'est passé dans le secteur compris entre l'usine à galets de Tréguennec et la gare de Pen-Enez à Tréméoc, dans les années 41-44… Pour la seconde affaire, je me trouvais hier soir avec Radia Belloumi à Kermoysan où elle a mis fin à une algarade consécutive à un ordre mal interprété. Ou plutôt lancé à dessein par une personne malveillante qui n'était pas la patronne de la police. Le préfet veut la casser et pourtant c'est une fille bien, mais cela tu ne le consignes pas ! À ce sujet, sollicite le témoignage de Florence Le Moal, l'adjointe de quartier, elle en parlera mieux que moi et elle ne sera pas suspectée, comme ce pourrait être mon cas, de chercher à lécher les bottes de sa supérieure.

— Je suis content qu'on ait eu cette discussion, Cap, je vivais mal notre brouille ! En fait, je m'en voulais de…

— Tu veux vraiment effacer complètement l'ardoise que tu gardes dans ta tête ? Je vais t'en donner l'opportunité !

Tout en écoutant Ronan, j'avais gardé un œil sur Radia qui tendait l'oreille pour glaner quelques bribes de notre conversation. Elle savait très bien que nous parlions d'elle. Elle était restée installée devant le zinc, alors qu'elle avait fini son café depuis plusieurs minutes, sans doute par désir de me parler, mais certainement davantage par curiosité. Je me levai pour la convier à notre table, je lui présentai Ronan Feunteun, chef d'agence à *Ouest-France,* et je lui réclamai un peu de son temps. Elle enleva son manteau, s'installa sur la chaise disponible.

— Voilà, Ronan aimerait faire un article d'une page sur votre parcours, seulement, vous l'intimidez. Il sait aussi que les relations ne sont pas toujours faciles entre policiers et journalistes. C'est un ami d'enfance, je risquerais ma vie pour lui, je serais capable de tous les sacrifices pour qu'il soit heureux… Et c'est réciproque ! Vous pouvez avoir confiance en lui, Radia. Il est et sera toujours un allié, pour nous, aujourd'hui comme demain. Qui pourrait chercher des poux sur la tête d'une policière couverte d'une tresse de laurier par la presse locale ? Dans l'édition de demain, Florence Le Moal témoignera de votre intervention décisive, hier soir, devant la mairie de quartier de Penhars. Voilà pourquoi un article évoquant votre cheminement serait le bienvenu. Il clouera le bec à vos détracteurs et légitimera votre position.

— Vous n'avez pas peur que le préfet prenne cela comme une provocation ? s'inquiéta Radia en me fixant dans le blanc des yeux.

— Ne craignez rien, Commissaire ! exprima Ronan sur un ton rassurant, je ne cherche pas à vous nuire ni à déclencher une guerre, juste à faire connaître votre parcours, comme nous le faisons pour toute nouvelle personnalité s'établissant à Quimper. Je ne vois pas pourquoi vous feriez exception à la règle... En raison de votre jeunesse pour un tel poste ? Du fait que vous êtes une femme à la tête d'une équipe majoritairement masculine ? Allons, les gens de cette ville seront heureux d'apprendre que leur police possède à sa tête une jeune femme au parcours aussi exemplaire...

— J'ai passé la première partie de ma vie à cultiver la méfiance envers toute personne qui m'abordait, confessa Radia, cigarette non allumée à la main. Je me livre difficilement et puis mon parcours n'a rien d'exceptionnel, si ce n'est le concours de circonstances de cette semaine...

— Je vous laisse ensemble, je dois me rendre à Pont-l'Abbé, ponctuai-je en me levant. Je pensais y aller avec Sarah, elle semble se languir de moi...

Forte des éléments récupérés par RMC, qu'elle me reprochait d'exploiter au-delà de l'acceptable, ma fille avait poursuivi les investigations, avec le culot et la détermination que je lui connaissais. Elle avait commandé une recherche à la gendarmerie de Pont-l'Abbé sur un dénommé Yann Melen, seulement elle avait eu affaire à des incapables, car ils certifiaient que l'individu n'existait pas, alors qu'il avait adressé un message de son ordinateur dans la nuit et que son nom était mentionné dans des documents de l'époque ! Je tentais de lui expliquer qu'il s'agissait peut-être d'un pseudonyme pour surfer sur la toile. Elle n'en démordait pas : Marie-Galante, Loulou29 ou encore Chevalier blanc ou Sirène océane, comme dans notre dernière enquête, cela, c'était des pseudos, alors que Yann Melen, c'était une identité ! Quel intérêt à se faire appeler Yann Melen, si l'on se nommait François Durand ? Je lui demandai si elle était décidée à m'accompagner ou si elle pensait rester ronchonner dans son bureau. Sa réplique fut imparable :

— Tu t'es engagé auprès du préfet à boucler l'enquête pour samedi, pas vrai ? Alors il vaut mieux que je te donne un coup de main, sinon tu vas ramer pendant le restant de la semaine et tu vas perdre toute crédibilité et ta famille avec… Sans parler de ta protégée qui va gagner un billet de retour pour la case départ !

Mon appel téléphonique à Roland Joncour, le professeur d'histoire-géo, n'avait rien donné. Sans doute se trouvait-il en cours, en ce mercredi matin. Je comptais bien le récupérer chez lui entre midi et deux, à l'heure du déjeuner. En attendant, je désirais me rendre à la mairie de Tréméoc ; tout m'indiquait que les archives concernant la gare de Pen-Enez m'en apprendraient davantage sur Hans Fischer qu'une recherche dans sa région d'origine. Avec un peu de chance, la secrétaire nous dirigerait vers une figure historique de la commune, patriote de la première heure, pourfendeur des idées nazies, mémoire vivante de cette période si trouble, qui pourrait nous croquer un portrait précis du préposé aux départs des convois de galets concassés, incluant ses fréquentations, ses frasques et ses incartades…

En cours de chemin, Sarah semblait songeuse. Ce qui ne lui ressemblait pas. Parfois elle boudait, je savais pourquoi ; le plus souvent, elle parlait, de tout, de rien, et je ventilais pour retenir l'essentiel. Là, pas un mot, et pourtant pas de nuage apparent. Comme je lui demandai ce qui la contrariait, elle m'étonna, une fois de plus, me livrant une nouvelle facette de sa sensibilité :

— En t'attendant, j'ai feuilleté les témoignages que Rosie a tirés du site sur lequel elle a surfé. C'est ahurissant les risques pris par des résistants pour gêner la progression des envahisseurs ! Pour faire sauter un pont, des lignes téléphoniques, des tronçons de voie ferrée. Pour récupérer un courrier, alerter un camarade d'une possible rafle, voler des documents dans la chambre d'un officier allemand… Et dire qu'à présent, les frontières n'existent plus entre les deux pays et qu'une guerre avec l'Allemagne semble impossible…

Même le bourg de Tréméoc avait changé en l'espace de trente ans, c'était dire l'évolution de la société ! Je galèje un peu, mais je me souvenais de ma mère qui disait qu'elle avait assisté, dans sa jeunesse, à un mariage célébré en cette mairie qui avait la réputation d'être la plus petite de France. Me revenait également à la mémoire des virées dominicales interrompues au milieu du village par un concours de galoche au milieu de la route principale... Ce n'était pas la partie de pétanque du vieux port de Marseille, mais cela y ressemblait pourtant. Aujourd'hui, la mairie possédait son site Internet, consultable depuis tous les pays du monde, même les plus reculés...

La jeune hôtesse de l'accueil parut impressionnée à la vue de ma carte de police. Je la rassurai aussitôt, rien de grave, juste une recherche d'informations sur un épisode passé de l'histoire de la commune, le départ de convois de galets concassés de la gare de triage de Pen-Enez, durant la dernière guerre mondiale. Elle s'excusa d'ignorer tout du passé de Tréméoc, argua qu'elle était en poste depuis seulement deux mois et non originaire de la commune. Elle ne savait que dire ni comment agir, un homme sortit d'un bureau pour venir à sa rescousse. Il avait une quarantaine d'années et se présenta aussitôt comme un adjoint au maire.

— Nous avons peu de renseignements sur cette période, dans nos archives, s'excusa-t-il en préambule. Mais si vous me dites ce que vous recherchez exactement, je pourrai peut-être vous diriger...

— Capitaine Paul Capitaine et lieutenant Sarah Nowak de la brigade criminelle de Quimper ! Un homme de quatre-vingt-huit ans a été assassiné sur Ergué-Armel et nous avons de bonnes raisons de croire qu'il a dirigé le trafic ferroviaire de la gare de Pen-Enez, pour le compte de l'armée d'occupation, de 1941 à 1945. Et que son meurtre serait lié à un événement local de cette époque…

— Mon conseil serait que vous rencontriez mademoiselle Jacq, notre ancienne institutrice. Elle aussi est plus qu'octogénaire, elle loge actuellement dans un foyer-résidence sur Fouesnant et venait, voilà encore quelques années, évoquer aux jeunes de l'école communale le passé de Tréméoc. Elle a gardé toute sa mémoire et a même pensé, un temps, écrire un livre sur la période douloureuse de l'Occupation, seulement elle avait peur de blesser certaines familles. Elle a vite compris la mentalité d'ici. Le pays bigouden n'est pas la Corse, mais une certaine forme d'omerta existe, s'agissant de problèmes considérés comme internes à la région, qu'il n'est pas de bon goût d'étaler sur la place publique… Il n'empêche qu'elle est la mieux placée pour vous renseigner…

Sarah avait noté les renseignements sur son petit carnet et quand elle me demanda si on prenait la direction de Fouesnant, je consultai ma montre et jugeai préférable d'attendre midi pour dialoguer avec Roland Joncour en espérant qu'il saurait où nous pourrions trouver Yann Melen. Elle se plaça au volant de la 306 banalisée qu'elle avait récupérée dans le parc du commissariat et me demanda de la guider jusqu'au domicile de l'enseignant.

Il était un peu plus tôt que midi. Roland Joncour n'était pas encore arrivé, son épouse si, car elle avait achevé son service à l'hôpital de Pont-l'Abbé. Elle nous proposa un café ou un apéritif, on refusa l'un comme l'autre. Elle promit que son mari n'allait pas tarder et s'excusa de s'éclipser pour aller préparer le repas à la cuisine. De fait, son époux arriva peu après, il nous demanda aussitôt si nous avions du nouveau. Je lui délivrai nos dernières avancées. Jean Pêcheur se nommait en fait Hans Fischer, un nom qui n'évoquait rien de particulier dans son esprit. Par ailleurs, nous tentions de prendre contact avec un certain Yann Melen qui habitait en terre bigoudène, sans que nous possédions plus de précisions ; il semblait en savoir beaucoup sur la Résistance sur le secteur. Seulement, impossible de savoir où le dénicher ! L'enseignant éclata de rire.

— Dénicher est bien le mot ! Pardonnez-moi de m'esclaffer de la sorte, vous ne risquiez pas de trouver un individu avec un tel patronyme, ou alors posé sur un rocher du littoral ! Yann Melen est l'appellation bretonne du cormoran jaune. C'était aussi le nom de code choisi par le chef d'un réseau bigouden de résistance. Cet homme, Georges Krétel, reste une figure locale, encore aujourd'hui, à près de quatre-vingt-dix ans. Un caractère taillé dans le granit et une santé en acier inoxydable ! C'était un patron de pêche, quand il était encore en activité ; il est aussi le président honoraire de l'association des anciens combattants. Vous ne pensez tout de même pas qu'il a pu se venger, tant d'années après, de ce nazi ?

— Cela, je l'ignore ! répliquai-je évasivement. Hans Fischer n'était pas un nazi, mais un "Malgré-nous", l'un de ces Alsaciens enrôlés de force dans la Wehrmacht. Ce qui n'exonère pas non plus cet individu de mauvais comportements dans la région... Et où pouvons-nous trouver Georges Krétel, ce drôle d'oiseau ?

— Il habite Penmarch ! En face du stade municipal, route de Kerontec, mais cela ne vous dit certainement rien !

— Détrompez-vous, dis-je en souriant, dans ma jeunesse, j'ai été gardien du Stade Q. et j'ai souvent joué sur ce terrain balayé par les vents tourbillonnants, où j'ai encaissé les buts les plus stupides de ma courte carrière. Les joueurs des Cormorans de Penmarch s'ingéniaient à jouer en l'air et comment déterminer la trajectoire d'un ballon, pour le bloquer ou le détourner, quand une rafale de vent l'emportait au dernier moment quelques mètres plus loin ? J'en ai enduré, des quolibets, de la part des spectateurs, derrière ma cage ! Sans parler de l'entraîneur qui me traitait de chasseur de papillons, avec mes bras qui gesticulaient dans tous les sens, sans parvenir à attraper le ballon...

Fort de ce renseignement essentiel – non pas mes performances sportives, je parle de l'adresse de notre témoin – on avança vers la pointe, convaincu de trouver notre “oiseau” dans son nid à l'heure de picorer. Bien sûr, Sarah voulut en savoir un peu plus sur mes années sportives, avouant qu'elle donnerait cher pour revoir des films de cette époque. Seulement, d'abord, Canal + n'existait pas encore, ensuite notre équipe ne jouait pas à un niveau suffisant pour attirer la presse nationale ! Elle me regarda longuement pour me supplier de lui en dire davantage. Je lui ordonnai de se concentrer sur sa conduite, nous risquions l'accident à cause de sa distraction. Elle marmonna.

Le temps de s'arrêter dans une brasserie pour dévorer un bon sandwich avec une bière pour moi et un coca pour Sarah et on arriva aux abords du stade municipal de Penmarch. Georges Krétel habitait une superbe demeure néobretonne, à l'angle de la rue de Kerontec et de la rue des Cormorans. Il ne nous attendait pas, il était pourtant là, habillé d'un costume, d'une chemise et d'une cravate, gaillard encore solide pour son âge, personnalité à la force de caractère évidente. Je me présentai, Sarah fit de même, notre hôte révéla un certain agacement devant cette visite imprévue ; de son temps, même les policiers possédaient de bonnes manières et s'annonçaient avant de débarquer chez les gens. Il accepta nos plates excuses et nous installa dans son salon où, malgré une température agréable, le feu crépitait dans la superbe cheminée. Il commanda à sa gouvernante de nous servir un café, avant de nous questionner sur la raison de notre irruption. Je lui demandai s'il lui arrivait de surfer sur Internet et je lui remis en mémoire l'échange de messages de la nuit, sur un site d'anciens résistants, avec un correspondant répondant au pseudo de Marie-Galante. Il se souvenait très bien et comprit qu'il s'agissait d'une ruse de la police. Il rit aux éclats avant de trouver le procédé déloyal. Subtil mais déloyal ! À la guerre comme à la guerre, lui répliquai-je, avant de me ressaisir, conscient de plaisanter sur un sujet qui ne le méritait pas, en pareille circonstance, en face d'un personnage à la carrure taillée dans le marbre des héros.

— Un homme de votre génération est mort à Quimper, assassiné. Il fut durant la guerre le responsable du trafic de convois de marchandise à la gare de Pen-Enez. Ce n'était pas un Allemand, c'était un Alsacien, un “Malgré-nous”. Nous pensons que sa mort est liée à son passé…

— Et vous venez m'accuser à mon domicile ? éructa le résistant de sa voix rocailleuse en tentant de se redresser sur ses avant-bras. Vous ne manquez pas de toupet, jeunes freluquets dépourvus de respect !

— Pas du tout, nous cherchons juste à cerner la personnalité de cet individu, à connaître des faits notoires de son passage en pays bigouden ! Vous nous avez suggéré de nous rendre à la mairie de Tréméoc et un adjoint nous a dirigés vers une certaine mademoiselle Jacq, l'institutrice d'alors. Je sais que Tréméoc est le berceau du ping-pong dans la région, j'ai rarement vu une personne aussi adroite dans l'art de renvoyer la balle… Voilà pourquoi nous revenons vers vous ; dans votre message, vous évoquiez des rumeurs non vérifiées…

— C'était une époque tellement trouble ! Tout le monde se méfiait de tout le monde. C'était une partie de poker qui pouvait se révéler mortelle. Imaginez que, dans une même famille, un frère travaillait pour la Résistance et un autre pour les Allemands ! Je ne vous raconte pas le climat, à la table de la maison ! Un membre de notre réseau travaillait à la Kommandantur, installée à l'école Saint-Gabriel à Pont-l'Abbé. Il passait pour un salaud aux yeux de beaucoup, pour un collabo même, alors qu'il a sauvé des dizaines de maquisards, les faisant avertir pour qu'ils gagnent le maquis avant qu'on vienne les arrêter chez eux. Par malheur, un jour, il a été démasqué et déporté. On ne l'a plus revu…

— Pour en revenir à Hans Fischer…

— Il logeait avec le lieutenant Schönbrunn de la Wehrmacht au domaine du patron d'une société de travaux publics qui avait prêté son matériel aux Allemands, Corentin Vergne. La famille Vergne a été jugée à la Libération par un tribunal d'exception pour faits de collaboration, mais il s'est trouvé des notables pour expliquer que les engins de chantiers de l'entreprise avaient été réquisitionnés par l'armée ennemie, comme il avait été contraint de concéder une partie de sa résidence pour le logement de quelques sous-officiers ! En clair, il n'avait eu d'autre alternative que de collaborer, sinon la famille risquait de gros problèmes... Corentin Vergne a donc été innocenté, même si tout le monde connaissait son implication ! D'ailleurs, quelques années plus tard, il a été exécuté au sortir de ses bureaux ! Son fils, Pierre Vergne, a repris les affaires, il a une soixantaine d'années aujourd'hui.

— Vous refusez de me parler de Hans Fischer ?

— Une rumeur avait couru à l'époque qu'il aurait violé une fille de la région. Certains parlaient de Vonnik, la fille Vergne, la sœur de Pierre, d'autres d'une jeune fermière de Tréméoc, la fille d'un camarade qui avait rejoint un autre maquis, vers Plonéour. En fait, personne ne savait exactement. Le seul fait certain c'est qu'un jour, une fille du secteur de Squividan a quitté la région, peu de temps avant les Allemands. Une histoire complexe, comme tant d'autres...

— Une jeune fille de la région aurait donc été violée par Fischer ?

— Mon pauvre garçon, si les affaires se résolvaient si simplement ! Certaines rumeurs prétendaient cela. D'autres laissaient supposer que la môme avait un béguin pour lui... Le père n'a jamais rien dit ; d'ailleurs, personne ne lui a sans doute posé la question. Ici, on a de la décence, on sait se taire, ne pas poser les questions qui dérangent...

— Pardonnez-moi, ma mère était bigoudène, mon père ne l'est pas et j'ai sans doute hérité de lui l'impudence d'aller fouiller les zones d'ombre des affaires ténébreuses… L'hypothèse d'un acte déplacé de Fischer envers cette jeune fille n'est donc pas à exclure. Pas plus que la vengeance d'un proche qui connaissait l'agression, qui n'a rien dit depuis lors et qui voit dans le retour de l'Alsacien en pays bigouden une provocation intolérable, la goutte d'eau qui fait déborder le vase…

— Pourtant, Fischer semblait moins violent et méprisant que les sous-officiers allemands qu'il côtoyait. Je ne l'ai pas connu personnellement, je vous livre juste le sentiment de quelques camarades. Il se trouvait même des personnes, à cette époque, pour le juger différent des soldats de la Wehrmacht, même s'il devait obéir aux ordres. Ainsi, il donnait des fruits à des enfants qui passaient par la gare pour rentrer à leur domicile… J'ai beaucoup de mal à concevoir un acte de vengeance de la part d'une personne de la région…

— Votre piste est pourtant intéressante à suivre car, dans son scénario, Julien Girard, le romancier, évoque une affaire de viol qui constitue d'ailleurs l'un des ressorts dramatiques de sa fiction. Sa mère, peut-être ? Il jure par tous les dieux qu'il a seulement collecté des témoignages sur toute la France et que son imagination a construit le reste autour de la réalité de l'usine de concassage…

— Girard n'est pas exactement un nom de la région bigoudène. Il vous faudrait alors chercher dans sa branche maternelle… Cette fille qui serait partie précipitamment de Tréméoc, enceinte après ce viol, et n'aurait pas voulu affronter le mépris de ses voisins, a peut-être trouvé sur sa route un homme pour comprendre sa situation, l'épouser et adopter son enfant… Ce n'est qu'une hypothèse, pour aller dans votre sens…

— Dans cette affaire à tiroirs, avec un si long recul, tant de possibilités peuvent exister… Vous pouvez nous parler de l'usine de concassage ?

— Une drôle d'affaire. C'est au cours de l'année 1942 que l'organisation Todt décide d'ouvrir une usine pour exploiter le gisement de galets de Tréguennec. Imaginez, avant la guerre, sur les douze kilomètres de grève, s'étendait un cordon de galets pouvant atteindre cent mètres de largeur et cinq mètres de hauteur ! De quoi alimenter les chantiers de construction des blockhaus et autres casemates devant constituer une partie du Mur de l'Atlantique, de Brest à Royan !

— Tous les blockhaus que nous voyons encore sur le littoral ont été construits avec des matériaux de cette usine ? s'étonna Sarah qui tombait des nues.

— Juste ceux de la côte atlantique jusqu'à la Gironde, sans oublier les bases sous-marines, notamment celle de Lorient… À cette fin, une voie ferrée a été construite, depuis Pen-Enez jusqu'à Prat-ar-Hastel et même directement jusqu'au cordon de galets. Le site fonctionnait jour et nuit, des wagonnets étaient chargés sur le littoral, conduits à l'usine où les galets étaient concassés, avant de repartir dans des convois de wagons en direction de Pont-l'Abbé, puis de Quimper. Les Allemands ont construit un quai spécial à la gare de Quimper, après avoir récupéré un terrain sur la largeur du lit de l'Odet. Près de cinq cents personnes travaillaient à Tréguennec, des gens du coin, réquisitionnés sous peine de se voir déportés, des ouvriers du STO, des Russes blancs, surveillés par une cinquantaine de soldats, des agriculteurs locaux, avec leurs charrettes et leurs chevaux. Je me souviens du cheval de mon père, récupéré un matin par un groupe de soldats allemands ; on ne l'a jamais revu après, lui non plus… Les Allemands ne comprenaient pas pourquoi il s'arrêtait devant chaque café, c'est qu'il connaissait les habitudes de son patron…

— Il est difficile d'imaginer aujourd'hui l'activité de l'époque, quand on se trouve devant les vestiges de l'usine… intervins-je, moi aussi pantois.

— Chaque convoi pouvait compter jusqu'à cent wagons ! Au total, on estime que plus d'un million de tonnes de galets ont été enlevées à la grève de Tréguennec… De nos jours, on parlerait de catastrophe écologique ; sans la présence de cette digue naturelle, la mer peut pénétrer plus facilement dans les terres. Qui s'en souciait à l'époque ? Quelle réparation la région a-t-elle obtenue pour ce préjudice écologique majeur ?

— Je suppose que vos actions ont visé la voie ferrée, puisque l'usine de concassage était inattaquable ?

— Vous avez raison, impossible d'approcher du site, ou même, pour un travailleur local, d'envisager un sabotage de l'intérieur. Tenter de faire sauter la voie ferrée sur les quelque dix kilomètres jusqu'à Pen-Enez n'était pas plus envisageable. Cela aurait été suicidaire ! On pouvait juste s'en prendre aux communications télégraphiques. Ou à la gare elle-même, mais cela n'a pas été le fait de notre groupe... Notre combat était autre... notamment la récupération d'armes au large, par les marins pêcheurs, que nous cachions par la suite dans des lieux sûrs. Je reviens à Pierre Vergne, vous allez penser que je lui en veux personnellement, vous n'avez pas tout à fait tort, j'ai gardé une dent contre cette famille. Ne peut-on pas concevoir qu'il ait appris la venue de Fischer dans la région et craint que, désormais affranchi des liens avec le passé, il ne se répande sur ce qu'il savait des gens d'ici ? Notamment la famille Vergne...

— Effectivement, c'est l'une des hypothèses à envisager. Aussi plausible que la thèse d'une vengeance familiale de la part de Julien Girard, ou encore d'un lien passé avec Baudoin Schuller, le producteur, dont la famille a également frayé avec l'ennemi durant la guerre. Et peut-être d'autres pour lesquelles nous ne possédons pas encore de point de départ, mais qui peuvent se révéler aussi judicieuses ! En fait, nous défrichons un vieux terrain et nous ne savons pas quel lapin nous allons voir sortir des fourrés...

— Je vous souhaite bien du plaisir, Capitaine, c'est une enquête de longue haleine ! s'exclama l'ancien résistant en se levant de son fauteuil, canne à la main.

— Il me faut impérativement la boucler avant la fin de la semaine, je me suis engagé dans ce sens auprès de Monsieur le préfet. Pour cela, je possède un atout de première main : le lieutenant Nowak que voici, m'a promis qu'avec son concours exceptionnel, l'arrestation du coupable n'était plus qu'une question d'heures…

— L'audace, l'insouciance et l'impétuosité, les privilèges de la jeunesse ! Conservez le plus longtemps possible votre flamme, Mademoiselle ! Le jour vient trop tôt de la désillusion sur la nature humaine. Tenez-moi au courant de vos avancées, Capitaine ; si mes plaies ne se refermeront jamais, il est néanmoins encore possible de les adoucir par quelques baumes… Une jeunesse en liberté, voilà un privilège que ne sait pas apprécier à sa juste valeur la génération actuelle ! Elle n'en connaît pas le prix. Et quand on se pique de le lui rappeler, on se fait traiter de vieux réac !

— Aujourd'hui, la guerre que nous livrons est différente, Monsieur, répliqua Sarah du tac au tac, sans se démonter, sans davantage s'énerver, elle est économique et sociale. Nous cherchons juste une place dans cette société impitoyable qui semble souvent nous dire qu'elle n'a pas besoin de nous. On n'en meurt pas toujours, par chance, on en souffre souvent, hélas ! Pour tout vous avouer, je suis née à Gdansk en Pologne ; ma mère a donné sa vie pour la liberté future de la jeunesse polonaise, elle y croyait, elle défendait des valeurs justes et nobles. Aujourd'hui, de l'immense espoir suscité par Solidarnosc, il reste un processus démocratique, de beaux souvenirs et des déconvenues parfois plus grandes encore. Le monde moderne ne concasse pas juste des galets, il broie aussi les idéaux et les gens qui les portent...

Georges Krétel ne sut que répondre. Une fois de plus, sans polémique ni agressivité, Sarah avait trouvé les mots pour élargir le débat et inciter à une autre réflexion. Souvent, elle m'exaspérait, parfois, elle m'éblouissait. Elle trouvait dans ses blessures d'enfance un ressort extraordinaire qui lui conférait une maturité émouvante. Et elle pouvait se permettre de contredire son interlocuteur, car elle aimait les gens. D'ailleurs, avant de quitter la demeure du "Cormoran jaune", elle l'embrassa avec immensément de respect et d'affection et il lui souhaita bonne chance dans la vie. Avec autant de sincérité.

— La guerre 1939-1945 a débuté à Gdansk et, à l'époque, beaucoup de Français se sont demandé si cela valait la peine de mourir pour Dantzig, le nom allemand de la ville, dit Sarah en serrant toujours Georges Krétel par les épaules. Moi, je suis née à Gdansk, voilà bientôt vingt-sept ans, et je vous remercie d'avoir répondu oui, à cette époque ! Et je vous remercie également d'être encore en vie pour que je puisse vous en exprimer ma reconnaissance sans doute maladroite ! Peut-être même, à bien y réfléchir, n'ai-je traversé l'Europe de l'est à l'ouest que pour vous adresser ce merci...

Sarah était parvenue à faire pleurer le bloc de granit qui avait peut-être résisté aux tortures des nazis, mais craquait devant une blonde à l'âme pure qui m'étonnait sans cesse. Elle portait dans le bleu de son regard une partie du destin d'un continent ballotté pas les conflits, meurtri par les rancœurs cultivées des deux côtés de frontières pourtant si fluctuantes, au fil des siècles et des rêves de grandeur de quelques mégalomanes belliqueux.

Une fois dans la voiture, je ne voulais rien dire, car un frisson me parcourait encore la moelle pépinière, que je ne désirais pas altérer. Il me ramenait à cette soirée glaciale de Gdansk, où Beata, la mère de Sarah, et moi-même avions rêvé un monde plus juste, esquissé ses contours, jeté les bases de la fraternité qui le gouvernerait ; et comme cela ne suffisait pas, nous avions sans doute voulu lui donner un corps, un visage ; et notre utopie avait engendré une réalité qui se prénommait Sarah.

Installée au volant, les lunettes de soleil sur le nez, car elle avait les yeux sensibles à la réverbération lumineuse du littoral breton, ma fille fixait sa route, l'air concentré, grave même. Elle avait conservé de ses origines slaves une mélancolie qui donnait à ses traits une maturité étonnante. Appeler cette expression du romantisme me semblait toujours lui enlever la profondeur qui la nourrissait pour n'en conserver que la superficialité apparente. Beata hier, Sarah à présent, deux visages d'une Pologne ballottée au fil de l'Histoire entre influence allemande et joug soviétique, qui lui avaient juste permis de cultiver en silence ou en cachette ses racines riches d'une sensibilité incomparable.

On quitta Penmarch ainsi, sans évoquer Eckmühl, les ports de la côte ou la pointe de La Torche, cela aurait altéré la magie de l'instant. Au bout d'un moment, Sarah tourna le regard vers moi.

— Je n'aurais pas dû ?

— Tu as très bien fait !

— J'aime les personnes âgées, seulement nous, les jeunes, nous avons aussi nos combats à mener ! C'est vrai que je suis assez fière de la manière par laquelle j'ai amené le récit de ma jeunesse, même si j'ai évité de lui dire que, si j'ai traversé l'Europe, c'était avant tout pour retrouver mon père en Bretagne…

— Arrête avec cela !

— On va où, maintenant ? Contacter l'ancienne institutrice, asticoter Julien Girard, le cachottier, ou rendre visite au rejeton des collabos ?

— On va effectivement prendre contact avec Pierre Vergne, patron d'une société de travaux publics, notable de la région, face à qui tu ne vas pas faire de vagues, car nous n'avons rien à lui reprocher. Et comme, d'ordinaire, lorsque tu as été excellente lors d'une rencontre déterminante, tu dérapes fatalement à la suivante, je préfère te prévenir d'avance…

— J'ai été excellente, c'est ce que je voulais t'entendre reconnaître ! Il a fallu que je parte de loin, pour que tu te fendes du compliment, tout de même… Mais il me va droit au cœur, car je le sens sincère. D'ailleurs, ton silence précédent me laissait imaginer tout le bien que tu pensais de moi. Oui, je l'avais perçu très vite : tu ne tirais pas la tronche, si tu ne pipais pas un mot, c'est parce que tu avais été ému par ma prestation ! Trop mignon !

IV

Les bureaux de la société Vergne étaient situés aux abords de la rocade de Pont-l'Abbé. Certes, on arrivait sans rendez-vous, mais quand même avec des cartes de police ! La vision du ruban tricolore faisait pâlir toutes les secrétaires ; d'un coup, elles perdaient l'assurance qui convertissait leurs aboiements habituels de chien de garde style : « Le directeur est en réunion », ou encore « Il est impossible de voir Monsieur le directeur sans rendez-vous préalable », ou encore « Puis-je lui laisser un message à son retour ? ». Celle-ci passa aussitôt un coup de fil pour savoir si son patron était là. Il aurait répondu non, nous ne l'aurions pas cru, d'autant qu'il venait exprimer bruyamment sa colère à l'autre bout du fil. Elle nous demanda de patienter et nous conduisit jusqu'à un petit salon aux chaises bleues. À peine avais-je eu le temps de saisir une brochure commerciale que Pierre Vergne sortit comme une bombe de son bureau pour s'approcher de nous. Sémillant sexagénaire, allure élancée, chevelure abondante et teintée, chemise classique à col ouvert d'entrepreneur moderne, l'homme se soignait jusqu'au bout des ongles et devait apprécier la compagnie féminine, même de génération plus jeune.

Il nous regarda, se détournant vite de ma silhouette rebondie pour s'arrêter longuement sur les formes aguichantes de Sarah, ce qui conforta mon a priori défavorable. D'autant que son coup d'œil coquin s'accompagna d'un rictus satisfait qui m'incita presque à le détester, même si je savais pertinemment ma fille imperméable à ce genre d'intimidation. Il nous questionna sur l'objet de notre visite, je lui répliquai qu'il n'y avait rien de grave et que nous allions, surtout, avoir besoin de sa mémoire, à propos de faits qui remontaient à une époque qu'il n'avait pas connue. Il fronça les sourcils, hocha la tête et nous fit entrer dans son bureau. Je lui demandai ce qu'évoquait pour lui le nom de Hans Fischer. Il ne tourna pas autour du pot :

— Pour tout vous avouer, je m'attendais à votre visite, dès que j'ai appris la mort de Hans Fischer, ou plutôt Jean Pêcheur, par le journal. Vous allez certainement me demander si j'étais au courant de sa venue en Bretagne, je vous répondrai oui. Cet homme m'avait appelé pour me demander l'autorisation de revoir la résidence familiale dans laquelle il avait quand même vécu durant près de quatre ans. Je n'avais aucune raison de le lui refuser. Le peu que j'ai su de lui par mes proches dépeignait un homme honnête et droit, pris en tenaille entre l'obéissance obligatoire à sa hiérarchie et le sentiment profond d'attachement à la

France. Le cruel dilemme des habitants d'un pays occupé, qui causa également la mort de mon père, vous le savez certainement…

— Je suppose que vous avez à nouveau évoqué son souvenir avec vos proches, après son appel, poursuivis-je sans agressivité. Encore un peu plus à l'annonce de son meurtre. À votre sens, qui aurait pu lui en vouloir à ce point dans la région, parmi les quelques rares personnes qui pouvaient savoir qu'il revenait dans le secteur ?

Pierre Vergne passa une main dans ses cheveux, leva les yeux au plafond, gonfla ses joues, afficha une mimique désolée. Comment pourrait-il répondre à une telle question ? me rétorqua-t-il. Il avait le nez dans ses affaires du matin au soir, sept jours sur sept, surtout en cette période de marasme économique, particulièrement dans le bâtiment ! Il me regardait toujours en début de réponse, avant de fixer le visage de Sarah, avec une expression de fausse tendresse qui m'exaspérait totalement. Pourtant, il me fallait conserver ma lucidité. Aussi décidai-je de revenir sur ce que notre interlocuteur pouvait connaître d'un passé qu'il n'avait pas vécu, ayant vu le jour juste après.

Une fois de plus, il soupira longuement avant de se trouver sauvé par le téléphone. Le temps pour lui de répondre brièvement à sa secrétaire pour la confirmation d'un devis de chantier, de réclamer qu'elle ne le dérange plus désormais, il croisa les mains devant sa bouche, comme s'il réfléchissait à ce qu'il pouvait divulguer et à ce qui devait rester dans le domaine du secret familial. À nouveau, en feignant de fouiller dans ses souvenirs, il dévisagea longuement Sarah, comme si la silhouette de ma fille lui en rappelait une autre…

— Ce que je sais de cet homme, je l'ai surtout appris de la bouche de ma mère, avant sa mort, et de ma grande sœur, mon aînée de quinze ans. Oui, je suis le benjamin d'une grande famille puisqu'entre nous deux, on comptait encore trois frères, dont deux sont décédés, malheureusement. Ma sœur Vonnick, qui avait entre dix et douze ans à l'époque, garde un souvenir de ce grand garçon blond qui s'arrangeait toujours pour lui ramener une poupée ou une friandise. Ma famille ne manquait de rien, c'était sans doute sa manière de conserver une part d'humanité dans cette période si chaotique. Du moins, c'est ainsi que le concevait ma sœur…

— Au risque de vous choquer, avec cette question délicate : jamais Hans Fischer n'aurait eu une conduite inconvenante avec votre mère, ou encore équivoque avec votre sœur ?

— De sorte que j'aurais voulu me venger, tant d'années plus tard ? enchaîna le patron, sourire pincé aux lèvres. Non, il aurait été anglais, nous aurions pu dire qu'il s'est conduit en parfait gentleman ! Je regarde votre jeune collègue et je suis fasciné ; son visage me ramène à une photo de Fischer qui se trouve encore dans l'album de famille. Il est assis sur le parvis de la maison et porte Vonnick sur ses genoux. Il possédait le même regard bleu très troublant et, lui aussi, des cheveux hésitant entre le blond et le châtain, s'achevant en boucles rebelles. Il n'aurait pas fait de mal à une mouche, du moins, c'est l'impression de lui qui m'a été transmise…

Pierre Vergne profitait de la comparaison pour s'attarder sur les formes de Sarah, au point de m'inciter à réagir prestement pour protéger ma fille d'une influence malsaine. Ce ne fut pas la peine, elle savait très bien se défendre toute seule. Ce que je craignais tant arriva, mais notre interlocuteur indélicat l'avait bien cherché, après tout ! Sarah se leva d'un bond, fit le tour du bureau et vint s'asseoir sur le rebord, poussant d'une fesse une pile de dossiers ; elle se trouvait à quelques centimètres du patron qui se demanda quelle mouche avait bien pu piquer la jeune policière ; sans doute une descendante de celle à qui Fischer n'avait jamais fait de mal…

— Moi, voyez-vous, j'ai un autre scénario ! assénat-elle sur un ton ferme. On oublie la vengeance pour une affaire d'honneur, j'ai vite compris que ce n'était pas votre préoccupation. Parlons plutôt d'un garçon qui revient dans le pays, susceptible de parler des combines de votre père avec l'armée allemande, des chantiers obtenus sans trop de difficultés, des petits services rendus à l'ennemi, pour avoir la paix dans son business… De la parodie de procès qui a lavé ce collabo notoire de tout soupçon, lui laissant la jouissance du magot récolté dans la honte durant ces sales années. Un trésor de guerre sur lequel vous avez assis votre renommée contestable et votre empire local. De nos jours, tout le monde a oublié cette tache ; les plus anciens se taisent, les jeunes ignorent, le monde continue de tourner. Tout va bien pour vous… Et voilà que surgit de ce passé ignoble que vous pensiez à tout jamais enfoui, un Alsacien capable de ruiner votre carrière par des paroles embarrassantes, des souvenirs accablants, peut-être même des documents incontestables… Et en plus, cet idiot vous appelle pour vous demander de l'héberger !

— Vous savez que vous êtes encore plus troublante en colère, Mademoiselle ?

— Pas de mademoiselle avec moi ; Lieutenant, s'il vous plaît ! Alors, vous lui proposez de venir le chercher à l'arrivée du train à Quimper. Il ne se doute de rien, le brave vieillard, il vous explique qu'il a rendez-vous avec le reste de l'équipe du film, dans un hôtel sur Ergué-Armel. Qu'à cela ne tienne, ce sera une première prise de contact, puis vous aurez l'occasion de vous revoir. Vous êtes ponctuel au rendez-vous, il embarque dans votre voiture, vous le menez au fond d'une friche industrielle située à quelques encablures de l'hôtel, pour brouiller les pistes, et vous l'éliminez. Plus de soucis avec le passé de la famille, vos affaires vont pouvoir continuer comme avant… Je me moque complètement de vous faire fantasmer, monsieur Vergne, vous n'êtes pas du tout, mais alors pas du tout, le type de mec qui pourrait m'attirer ! Par contre, vous représentez un suspect idéal : un mobile solide, les moyens de mener à bien la sentence, une absence totale de scrupules.

— Ce sont des gens comme vous qui ont un jour attendu mon père à la sortie de son travail, qui se sont plantés sur son chemin, qui ont sorti leurs armes à feu pour lui trouer le corps de dix-huit balles à bout portant ! répliqua Pierre Vergne, la bouche déformée par le dégoût. Justice expéditive, héroïsme à bon compte, verdict sans appel né d'un populisme exacerbé. La colère vous allait bien au visage, pas la haine, Lieutenant ! Mon père n'était pas un ange, mais il n'a pas de sang sur les mains ! Il a poursuivi ses affaires et il a fourni du travail à des familles. Il aurait pu dénoncer des résistants, il ne l'a jamais fait ! Aurait-il refusé de travailler pour les Allemands, un concurrent l'aurait remplacé, parmi les jaloux si empressés à lui aboyer dessus, qui auraient sans doute agi avec moins de conscience que lui... Je n'ai aucune leçon de morale à recevoir de vous, Lieutenant, une carte de police accorde un droit, sans doute une forme de puissance, elle n'autorise pas à accuser des gens sans preuve, elle n'offre pas non plus de garantie contre un éventuel retour de vague...

— C'est une menace ? questionna Sarah en se levant.

— Pour que je vous menace, encore faudrait-il que vous représentiez, à mon sens, un danger pour ma personne ! Ce serait vous accorder beaucoup trop d'importance ! Même avec une carte de police dans la poche de sa veste, une petite péronnelle reste une petite péronnelle…

— Monsieur Vergne, je vous demanderai de nous accompagner jusqu'à votre domicile ! ordonnai-je en me levant à mon tour. Je crois savoir que votre sœur aînée habite la région. Veuillez faire en sorte qu'elle soit présente, elle aussi. Votre plaidoyer n'a pas réussi à me convaincre. Je veux voir la photo de votre sœur sur les genoux de Fischer, je veux l'entendre me répéter de vive voix les paroles que vous lui prêtez. Je veux découvrir les lieux, comprendre, imaginer, percevoir, sentir… Ma collègue et moi désirons utiliser toutes les qualités de déduction nécessaire pour, non pas posséder une carte de police, mais mériter d'intégrer la brigade criminelle…

— Dois-je considérer que je suis en garde à vue ? interrogea le patron en enfilant sa veste.

— Non, monsieur Vergne, qu'allez-vous imaginer ? Cela signifierait que je vous considère nanti d'un courage suffisant pour éliminer un être humain. Je ne vous pense pas coupable du meurtre de Jean Pêcheur. Vous connaissant à présent un peu mieux, vous auriez acheté son silence, je le pense, vous ne l'auriez pas éliminé. Car vous savez que, pour qu'il y ait un risque de retour de vague, pour reprendre votre expression, il faut qu'auparavant, il y ait une vague ; et dans la famille Vergne, on ne fait jamais de vagues ! Cependant, une erreur a été commise par votre père, à mon sens, juste après le procès à l'issue duquel il est sorti blanchi de tout soupçon. Avec un minimum de finesse, si ce n'était de classe, il aurait pu reverser une partie des bénéfices pour les œuvres sociales de la ville… Il se serait mis la population dans la poche pour plusieurs décennies et aurait pu commercer en toute tranquillité. Seulement personne n'est parfait, n'est-il pas vrai ?

Mon interlocuteur ne répondit pas, il réclama un moment, passa deux appels téléphoniques, réclama son manteau à sa secrétaire en lui expliquant qu'il devait se rendre à son domicile. Il précisa que sa voiture était garée derrière le bâtiment et nous demanda de le suivre, dès qu'il serait passé devant nous. Rien ne pouvait le départir de son arrogance froide, de sa condescendance, d'un sentiment de supériorité qu'il cultivait depuis l'enfance, au point qu'il épousait son être comme une seconde peau. D'un geste expressif, Sarah me montra à quel point elle avait les boules de devoir supporter une telle comédie. Je haussai les épaules, comment pouvais-je répondre autrement ? Les employés nous regardaient, je ne souhaitais pas me donner en spectacle. Une fois dans la voiture, Sarah cracha son venin :

— Ce type est le pire faux-cul que je connaisse ! Tellement poli qu'il est lisse ! En plus, il me déshabillait du regard sans la moindre vergogne. Si sûr de lui qu'il nous prend pour des carpettes. Le genre de prétentieux qui me donne envie de gerber… Pour moi, c'est clair : Fischer l'appelle pour lui annoncer son arrivée, la bouche enfarinée. L'autre sent le danger pour son petit business, si le passé remonte à la surface, il échafaude un plan imparable pour éliminer l'intrus en faisant peser la culpabilité sur d'autres épaules, cela est si pratique ! Bien sûr, il aura pris soin de ne laisser aucune trace de son passage et de se fabriquer un alibi en béton ; c'est bien la moindre des choses, pour un patron du BTP !

— Et les traces de talons aiguilles, miss Marple ?

— Certainement, les godasses de sa sœur ! Une vieille histoire de l'époque, une embrouille que je n'ai pas encore élucidée entre elle et Fischer... Bon, c'est vrai, elle n'avait que douze ans, à l'époque, elle aurait été précoce... Tiens, je crois qu'on est arrivés ! Pétard, quelle baraque, c'est un petit château, le manoir de Keranguen ! On doit se sentir une princesse, dans un tel lieu...

— Oui, mais tu noteras que la vue est beaucoup moins agréable que celle dont tu bénéficies depuis ta chambre de simple fille de flic à la pointe Saint-Gilles !

À peine étions-nous descendus de notre véhicule qu'une femme se présenta sur le perron de la demeure. Élancée, blonde, la petite soixantaine, le sourire jumeau de celui de son mari : artificiel, mécanique, même si la longue pratique de l'exercice permettait à la notable de bien masquer qu'il était forcé. Beaucoup trop lisse pour se prétendre honnête, comme le prétendait Sarah à propos de son mari… Pierre Vergne nous présenta Mariannick, son épouse, qui nous déversa en un minimum de temps un maximum de banalités éculées avec un accent faussement précieux. En grattant un peu, je me dis qu'on trouverait, sous le vernis impeccable de la bourgeoise de province, une fille de la campagne bigoudène qui avait passé son existence à jouer le registre de celle qu'elle n'était pas, comme si le fait d'émaner d'un milieu modeste représentait une tare quand on avait gravi quelques échelons… Elle s'étonna d'une visite, alors qu'aucune rencontre n'était prévue sur l'agenda du bureau. En haussant péniblement les épaules, dans un jeu d'acteur tout à fait irréprochable, son mari lui soupira qu'il s'agissait de la police, et avec la police… D'un geste condescendant de la main, la maîtresse de maison nous fit entrer dans le hall et, sur le conseil de son époux, nous installa dans le salon.

Je remarquai aussitôt la photo sur laquelle la sœur de Pierre Vergne se trouvait assise sur les genoux d'un militaire allemand. J'allais m'arrêter un moment devant elle quand Mariannick Vergne me supplia de la suivre, comme si la vision de ce cliché lui brûlait les yeux. Ce que je fis après quelques secondes, dans le sillage de Sarah, étonnamment muette depuis notre arrivée. Pierre Vergne avait fait un court détour pour poser son manteau et sa sacoche dans son bureau adjacent. Quand il revint, il me demanda aussitôt ce que j'espérais trouver à son domicile : une trace récente de la présence de la victime, un indice qui le dénoncerait, peut-être du sang sur le parquet vernis du salon ? Il se souvenait avoir vu une scène de feuilleton télévisé au cours de laquelle les policiers avaient utilisé une poudre de perlimpinpin, une étonnante lampe bleue, dans une pièce volontairement assombrie, pour découvrir les traces d'un cadavre transporté, alors que les criminels pensaient avoir fait le ménage en grand.

Je lui souris ; effectivement, le luminol possédait ces vertus. Je me gardai bien d'ajouter que si le criminel avait nettoyé la scène de crime à la javel, celle-ci allait camoufler toutes les traces de sang. Sans parler de joies éphémères d'enquêteurs, convaincus d'avoir confondu les suspects, alors que les marques d'hémoglobine provenaient du dernier animal de la basse-cour dépecé par la maîtresse de maison…

Vergne nous proposa un verre : un jus de fruit, une bière, au choix… Comme j'avais décidé de passer pour un sans-gêne, je lui montrai la bouteille de whisky mise en évidence sur une table ancienne, parmi d'autres apéritifs. Comment ne pas craquer devant un Bowmore de trente-cinq ans d'âge ? Pierre Vergne nota que j'étais un connaisseur, précisant que ce caprice lui coûtait une petite fortune, qui lui faisait cependant vivre un petit moment de pur bonheur à la fin d'une semaine harassante. Puis il s'étonna que je boive pendant le service, ce à quoi je lui répondis que Sarah et moi, nous étions là à titre purement amical. De plus, je ne conduisais pas.

Il esquissa une mimique surprise avant de me servir une petite dose de nectar.

Ma conductrice opta pour le jus de fruit, comme Mariannick qui s'était assise auprès de Sarah, désireuse de l'entretenir de fadaises, comme elle le pratiquait régulièrement avec ses copines. Je craignais le pire si cette perruche de salon poussait trop loin ses minauderies, au point d'inciter Sarah à sortir de sa réserve raisonnée, lui assénant une réplique crue et vacharde dont elle avait le secret. Pour sa part, le maître de maison m'accompagna dans mon péché.

— En parlant de péché, ne reconnaissez-vous pas à ce breuvage un léger parfum de pêche ou d'abricot ? m'interrogea-t-il, des étincelles dans les yeux, l'esprit noyé dans sa passion. Chaque gorgée semble offrir une nuance différente, quelle complexité dans la subtilité des arômes ! J'ai appris à distinguer les grandes régions de production de whisky lors d'un voyage de la chambre syndicale à Édimbourg ! J'ai sélectionné celui-ci, dont chaque bouteille me coûte néanmoins la bagatelle de 350 euros… Mais quand on aime, on ne compte pas, n'est-ce pas ?

— Pour ma part, j'ai découvert le goût d'un véritable whisky en 1990, au cours d'un voyage de travail à Lockerbie, répliquai-je en plongeant dans mes souvenirs. J'accompagnais une commission d'enquête à propos d'un attentat sur un 747 de la Pan Am qui avait fait plus de deux cent cinquante victimes. En fait, je faisais partie d'une mission française qui tentait de trouver des liens entre de drame et la disparition du vol 772 d'UTA, dans le Ténéré, en septembre 1989. Je dois avouer que la soirée passée en compagnie d'enquêteurs britanniques dans un pub à whisky de Dumfries a été le seul souvenir agréable d'un séjour bien sinistre... À l'époque, j'avais particulièrement apprécié le Lagavulin, avec son goût de tourbe si particulier. Mais celui-ci est réellement exceptionnel...

Entendant un véhicule s'arrêter dans la cour, Pierre Vergne se leva d'un bond pour aller accueillir sa sœur aînée. Il dut lui exprimer ses recommandations, la briefer sur ce qu'elle devait dire et ce qu'il valait mieux taire, car ils mirent un certain temps avant de parvenir au salon. Elle devait approcher des soixante-quinze ans pour avoir connu la période de la guerre, cependant elle ne faisait pas son âge ; très élégante, un visage volontaire, un regard dur. J'imaginai qu'elle avait souffert pour porter sur sa physionomie les marques permanentes de la douleur qui altéraient l'éclat d'une peau de jeune fille. Son frère la présenta : elle se prénommait Yvonne, mais tout le monde l'appelait Vonnik, depuis l'enfance. La visiteuse vint embrasser sa belle-sœur et je compris très vite que ces deux-là ne s'appréciaient pas précisément... Un atout supplémentaire dans mon jeu ! pensai-je, ravi de l'aubaine. Très vite, on revint sur la mort de Hans Fischer, sur son passé dans la région, sur les moments difficiles pour toute la famille, forcée de composer avec la présence de l'occupant dans les murs. Vonnik ne disait rien, elle regardait dans le vide, comme si une vérité impossible à révéler la consumait depuis des années. Elle semblait née pour endurer toutes les affres de l'existence et je sentais que, malgré l'affection que j'avais aussitôt éprouvée pour cette victime collatérale des événements passés, j'allais lui en infliger de nouvelles.

— Quel était le grade de Hans Fischer, au fait ? questionnai-je, à brûle-pourpoint.

— À ma connaissance, il s'agissait d'un simple soldat, répondit Pierre Vergne, ne comprenant pas où je voulais en venir.

— Je pose cette question car, sur la photo de l'entrée, le militaire qui porte votre sœur sur ses genoux arbore les galons de lieutenant. Il ne s'agit pas de Fischer, mais du lieutenant Schönbrunn, pas vrai ?

— Vous savez, je n'étais pas né, j'ai sans doute mal interprété les anecdotes familiales, argua le patron, embarrassé.

— Et vous, Vonnik, vous ne pouvez pas vous tromper entre les deux hommes, n'est-ce pas ? Même à onze ou douze ans, de tels moments marquent forcément ! Car c'est vous, sur les genoux de cet homme ?

En quelques secondes, la mine de Vonnik se décomposa, ses yeux gris bleu passèrent d'un visage à un autre, sans pouvoir se raccrocher à un seul regard ami. Elle se sentait perdue et je ne parvenais pas à comprendre pourquoi. J'avais posé une simple question et tout s'écroulait autour d'elle. Finalement, ce fut dans mes yeux qu'elle sentit le soutien, elle me fixa et elle parla, parla, sans que personne ne puisse l'interrompre :

— Oui, il s'agit bien du lieutenant Schönbrunn et non de Fischer, sur la photo. Celui-là allait fricoter ailleurs et rentrait tard le soir. Il ne nous causait aucun souci, au contraire, il me faisait des cadeaux. Alors que le Boche, une fois rentré de sa sale besogne, dès qu'il me voyait, il aimait bien passer un moment en ma compagnie, me prendre sur ses genoux, m'inviter dans sa chambre…

— Allons, Vonnik, on n'est pas en famille, intervint son frère, ces affaires ne concernent pas…

— Votre père était au courant de ces faits ? coupai-je avec détermination.

— Bien sûr que oui ! ricana Vonnik. Corentin et Schönbrunn faisaient leurs petites affaires comme de vieux acolytes ! À la guerre comme à la guerre ! s'exclamaient-ils, en se tapant sur le ventre. Naturellement, le Boche menait le bal, il fermait les yeux sur les magouilles de Corentin, mais il voulait recevoir des cadeaux en échange ! Des réseaux de résistants, des cachettes d'armes…

— Arrête, Vonnik, à quoi cela te sert de salir notre père…

— C'est ton père, mais ce n'est pas le mien, tu le sais parfaitement, il me l'a suffisamment fait payer, et à ma mère aussi ! Il était ton idole, alors tu as éliminé de son portrait tous les traits qui pouvaient altérer son image. De toute manière, tu l'as si peu connu… Schönbrunn était immonde, Corentin ne valait pas mieux, il était peut-être même pire ! L'Autre a abusé de ma mère, pour occuper ses soirées, et mon père n'a jamais rien trouvé à redire, y voyant certainement un juste retour des choses, puisqu'il m'élevait ! Et puis un jour, ce salaud de Boche m'a trouvée à son goût, j'avais à peine onze ans ! Oh, il me caressait juste, il m'embrassait, il me demandait de me déshabiller devant lui, il me trouvait la peau douce… Il parlait d'un jeu, je savais que ce n'en était pas un. Et quand j'en ai parlé à Corentin, il m'a répliqué que, si je ne voulais pas crever de faim, il fallait bien que je paie ma pitance. Par bonheur, le vent de l'Histoire a tourné et les Allemands sont partis avant que je ne sois une femme ! Ce fut une autre époque, les injures, les humiliations, les accusations… Je ne sortais plus de la maison, ma mère non plus. Corentin se battait bec et ongles face aux délations…

— Comment a-t-il pu échapper à la prison ou à la mort ? m'étonnai-je en fixant Vonnik.

— Il s'est souvenu de Fischer, il l'a retrouvé et il lui a fait rédiger un courrier pour expliquer comment Schönbrunn nous avait traités, tenant Corentin et sa famille à sa merci ; cela contre un service en échange, dont je n'ai jamais connu la teneur. Sans doute de nouveaux papiers, puisqu'il s'est ensuite nommé Jean Pêcheur… Lui, les gens l'ont cru, puisqu'il était Alsacien, enrôlé de force dans les troupes allemandes, et n'avait laissé que des souvenirs corrects sur Tréméoc. Ce gars a sauvé la vie de mon salaud de beau-père ; je ne sais même pas s'il s'en est rendu compte... J'ignorais que Pierre avait gardé cette photo de moi, sur les genoux de Schönbrunn, sinon, je l'aurais brûlée... Imaginez le choc, quand je l'ai découverte dans l'entrée et que celui-là m'a ordonné de certifier qu'il s'agissait de Fischer, sinon il me coupait les vivres !

— Pourquoi vas-tu inventer de telles sornettes ! s'offusqua le jeune frère, appuyé par son épouse qui marmonnait que la vieille était de plus en plus folle.

— Ensuite, ma mère est morte de chagrin et de souffrance et Corentin m'a placée comme commis chez un ami notaire. Il a repris ses affaires, après le procès qui le blanchissait. Un jour, près de quinze ans plus tard, n'en pouvant plus, je suis allée voir un ancien résistant que je connaissais un peu, et je lui ai raconté ce que je savais : les trafics, les renseignements fournis par Corentin au Boche ; bien sûr, je n'ai pas parlé des sales pattes de Schönbrunn sur mon corps d'enfant. Le lendemain, Corentin était abattu au sortir de son bureau. Pour ma part, moins je vois cette famille qui n'est pas vraiment la mienne et mieux je me porte ! Celle-là m'a toujours détestée, comme si j'avais la gale ! Lui, il est le fils de son père, pas méchant sans doute, juste lâche et doté d'une vue limitée par les œillères de sa réussite professionnelle. Il pense que l'argent efface tout... Je n'avais jamais eu le courage de raconter tout cela, car ces deux-là m'assurent de quoi survivre... Car comment parler de vie, avec les démons et les cauchemars qui hantent mes journées ? C'est bizarre, cette fois, je me sens vraiment soulagée alors que, lorsque j'ai livré Corentin aux résistants, cela ne m'avait pas apaisée.

— C'était bien toi, espèce de vipère, j'en étais certaine ! grommela sa belle-sœur, de la bave à la commissure des lèvres. J'avais pourtant mis Pierre en garde ! La bâtarde ne nous causerait que des soucis, il fallait l'éloigner de la région, avant que cette bombe à retardement ne nous saute entre les mains ! Seulement, il est trop lâche pour prendre une telle décision ! « Elle n'est pour rien dans le drame de mon père », me jurait-il. « Elle a assez souffert comme cela ! » Vois de quelle manière elle te remercie de ta mansuétude, à présent...

— Pierre Vergne, je vais vous demander de nous suivre au commissariat de Quimper pour que nous prenions votre déposition, conclus-je, avant d'achever ma dernière gorgée de Bowmore. Si vous connaissiez les arrangements de votre père avec Fischer, vous pouviez craindre que ce dernier vende la mèche à propos du papier rédigé sous la contrainte ou par nécessité de changer d'identité... Je vous conseille de vous entourer de bons avocats, car votre alibi, quel qu'il soit, ne tiendra pas la route !

— Vous êtes certains que vous n'êtes pas le fils de Schönbrunn ? questionna Sarah en fixant Pierre Vergne droit dans les yeux. Car le regard que vous laissiez glisser sur mes formes, tout à l'heure, correspond parfaitement à des mains qui se plaisent à caresser les cuisses des jeunes filles ! Allez, en avant, mon bon prince, le carrosse est avancé !

— Oh, pardonnez-moi, je manque de savoir-vivre ! exprimai-je, contrit. J'ai oublié de vous remercier pour ce divin breuvage ! J'en conserverai longtemps les arômes subtils dans le fond du gosier…

V

Dès notre retour au commissariat, en cette soirée de mercredi, la nouvelle s'était répandue dans les couloirs comme une traînée de poudre : nous avions arrêté Pierre Vergne, le patron de l'une des plus importantes entreprises du pays bigouden et même du Sud-Finistère. Et comme les murs du bâtiment n'étaient pas assez épais pour contenir la rumeur, celle-ci s'était propagée en ville, atteignant des oreilles pas toujours bien intentionnées. Je sentis Radia Belloumi aux cent coups ; le préfet la sommait déjà de justifier cette garde à vue arbitraire d'un notable parfaitement irréprochable.

Elle me demanda si j'étais certain de mes soupçons ; ma réponse l'accabla un peu plus :

— Je ne pense pas que Vergne soit l'assassin de Fischer. Avec son âge avancé, cet homme ne représentait plus un danger pour lui. Les révélations qu'il aurait pu laisser échapper durant son séjour, n'auraient plus ému grand monde…

— Dans ce cas, pourquoi l'interpeller ? s'offusqua la commissaire, la gorge serrée. Vous avez pensé un instant à moi, l'interlocutrice privilégiée du préfet, depuis le début de la semaine, son souffre-douleur favori, son punching-ball personnel ? Il me harcèle en permanence pour me pousser à la faute. Vous me mettez dans de beaux draps avec cette garde à vue injustifiée !

— Tout d'abord, Vergne ne nous a pas dit tout ce qu'il savait, lors de son premier interrogatoire, et cela c'est déjà répréhensible ! argumentai-je avec un maximum de conviction. De plus, je demeure convaincu que le nœud de l'affaire se situe en cette période durant laquelle toutes les relations humaines étaient forcément ambiguës. Si Vergne n'est pas le coupable, un individu gravite autour de nous, qui pense qu'il a réussi sa partie de poker menteur, puisque nous avons arrêté quelqu'un d'autre... Il va donc relâcher sa garde. Enfin, je vous rappelle que nous devons boucler le dossier avant samedi soir, coupable arrêté et aveux signés, alors, tant pis pour le protocole et les convenances ! Sans parler des bienfaits que va provoquer à ce cuistre un petit séjour en cellule. On l'interroge demain matin en présence de son avocat, on épluche son emploi du temps, on tente de découvrir quelles étaient ses véritables relations avec Fischer, ce qu'il savait exactement des magouilles et des crimes de son père durant la guerre, on en a bien pour la journée. Ensuite, j'examine avec Dominique l'utilité ou non d'ouvrir une procédure, ce qui n'empêche que je vais suivre une autre piste.

— Je peux savoir laquelle ?

— Micheline Jacq, l'ancienne institutrice et secrétaire de mairie de Tréméoc, possède une mémoire infaillible et des notes précises sur cette époque. Hans Fischer découchait régulièrement pour aller rendre visite à une fille de la commune. L'enseignante saura peut-être de qui il peut s'agir. Possiblement un début de piste, sur de bons rails. Peut-être aussi une impasse, une voie de garage.

— Pourquoi n'avez-vous pas commencé par là, avant de vous en prendre à un notable ?

— On attrape le bout de ficelle qui dépasse, on ne choisit pas. J'ai également convoqué la sœur de Pierre Vergne, Vonnik, pour demain matin. Celle-là, c'est un témoin, une victime, pas une suspecte. L'Allemand qui logeait à la maison s'est livré à des attouchements sur elle ; elle n'avait pas encore douze ans ! C'est elle qui a dévoilé le pot aux roses.

— Quel lien avec l'affaire qui nous occupe ?

— Peut-être aucun… En fait, elle n'était pas la fille du père Vergne et celui-ci lui a fait payer l'écart de sa femme durant toute sa jeunesse. Si l'Alsacien savait cela, son retour en pays bigouden pouvait gêner Vergne. Elle en sait certainement beaucoup sur les relations des uns et des autres durant cette époque… Je vais demander à Carole, si elle est disponible, de l'interroger plus précisément sur les fréquentations de Fischer à Tréméoc ! À force de chercher, on finira bien par trouver un lien logique… Et vous, ça va ?

— Comme une condamnée qui attend l'heure à laquelle le couperet va tomber ! Et qui entend à travers les murs se colporter des rumeurs qui la blessent au plus profond ! Je n'imaginais pas vivre cela au sein de la police ! Mais je ne vais pas vous embêter avec mes états d'âme alors que mon corps… pardon, mon sort est entre vos mains !

— On va déjà commencer par le sort, on verra après pour le reste !

— Même pas en rêve, Paul !

— Alors là, je ne vois pas comment vous pourriez m'empêcher de fantasmer sur vous ! Ce n'est pas un délit tout de même ! Même si le corps du délit mériterait qu'on lui fasse un sort… C'est du deuxième degré, de l'humour, Commissaire, ne me foudroyez pas de la sorte, je plaisante…

À mon retour au bureau, Carole m'accueillit par un tonitruant : « Tiens, un revenant ! » Puis elle me demanda si je regimbai à obéir à ses ordres ou si j'avais rencontré une jolie fille en pays bigouden, pour prendre chaque jour la poudre d'escampette avec autant d'assiduité. Ce reproche avait un ton de boutade, seulement avec Carole, les allusions de cet ordre masquaient toujours une pointe de jalousie ou un manque de ma présence auprès d'elle. Je lui fis part des avancées de l'enquête avec la conviction de trouver, à la base du meurtre, un secret enfoui depuis la dernière guerre. Lui évoquant le grand déballage familial de Vonnik, je lui demandai si elle ne pourrait pas, avec le doigté et le talent qui la caractérisaient, l'interroger le lendemain matin pour en apprendre davantage sur Fischer.

— Arrête avec la brosse à reluire, tu as un autre programme pour la journée, c'est cela ? me coupa-t-elle en ricanant. Le pire, c'est que je vais accepter, car je ne sais rien te refuser ! Et puis l'avenir de notre commissaire est en jeu alors, solidarité féminine oblige, je vais apporter ma contribution généreuse au plan de son sauvetage ! À ce propos, certains gars de la BRC colportent des ragots infâmes sur Radia, dans le but de la déstabiliser. Elle aurait un petit ami à Penhars, elle couvrirait les combines de malfrats d'origine maghrébine de Kermoysan, il lui arriverait de fréquenter la mosquée de la rue Paul Borossi... Ils veulent sa peau, mais comme ce ne sont pas, à la base, des mecs courageux, pour la ramener avec autant de véhémence, je pense qu'ils agissent, peut-être pas sur ordre, mais sans doute sur recommandation d'autorités supérieures... Je serais bien allée dire deux mots à leur chef de groupe, seulement je pense que ce serait mieux que ce soit toi qui t'y colles ! Mine de rien, tu fais autorité au commissariat !

— Cette fois, c'est à ton tour de sortir la brosse à reluire, Carole ! Avoue-le humblement, tu as la pétoche de te ramasser une avoinée. Le pire, c'est que je vais accepter, car je ne sais rien te refuser, moi non plus... On fait un drôle de duo, tu ne trouves pas ?

Je m'apprêtai à descendre voir mes collègues quand

Rose-Marie m'intercepta au passage. Elle voulait me livrer les renseignements que je lui avais demandés et à son sourire moins lumineux que d'ordinaire, je saisis vite que mon intuition s'était révélée fausse. Une hypothèse s'évanouissait, la piste d'un meurtrier potentiel, la possibilité qui me semblait la plus plausible.

— Rien, dans l'existence de Julien Girard, n'établit un lien avec le pays bigouden, même pas la Bretagne ! expliqua-t-elle en me tendant le dossier de ses recherches. Il est né en région parisienne, sa famille paternelle est lyonnaise et sa mère est originaire de Picardie.

— Et du côté de son épouse ?

— Jeanne Girard, née Juillet à Boulogne-Billancourt. Aucune indication qui nous permette d'établir un lien avec Pont-l'Abbé, je suis désolée ! Le personnage féminin de son ouvrage, il l'a inventé, comme tout bon romancier, il a eu connaissance d'une histoire similaire et il a brodé dessus.

— Et comme la fête des Brodeuses a lieu chaque année à Pont-l'Abbé, l'idée lui est venue de planter cette intrigue en pays bigouden. Non, ne m'écoute pas, je divague, je me perds dans cette enquête.

— Par ailleurs, Paul, aucun lien apparent entre Baudoin Schuller et Fischer ou Pêcheur, selon l'époque. Le producteur a engagé ce gars pour l'unique raison qu'il connaissait par cœur les réseaux ferroviaires et les locomotives de la période de la guerre. Et le bellâtre que vous avez arrêté, il ferait un beau coupable, non ?

— Seulement, ce n'est pas notre bon client et les suspects ne sont pas comme les candidats de la Star Ac', RMC ! Ce n'est pas pour Vergne, tapez 1 ; pour Girard, tapez 2 : pour Schuller, tapez 3 ! Je suppose que Sarah ne m'a pas attendu ?

— Non, elle est retournée à Bénodet, pour s'occuper de votre père. Mais Gilles, votre chauffeur de taxi a appelé pour dire qu'il était de service, au cas où... Quand vous déciderez-vous à passer votre permis ? Ce serait plus simple !

— J'ai mon permis, Rose-Marie, j'ai mon permis. Je n'ai juste pas envie de me retrouver derrière un volant, voilà tout. C'est un choix, vous devez le respecter, les uns et les autres...

— J'ai un peu de paperasse à ranger, annonça Carole dans mon dos, va rencontrer les collègues de la BRC et reviens me voir juste après, je me ferai un plaisir de te reconduire à Bénodet.

La police est comme une grande famille avec les frères, les oncles et tantes et les cousins à la mode de Bretagne. On fait partie du même cercle, mais on ne se voit qu'aux grands événements : un départ en retraite, la mutation d'un patron, une nouvelle commissaire, l'enterrement de l'un des nôtres... La brigade de répression des cambriolages, comme son nom l'indique, travaille sur des affaires de vols, de braquages, court après les monte-en-l'air, monte des souricières pour surprendre les bandes de malfrats en flagrant délit.

On avait peu souvent l'opportunité de travailler ensemble, tout juste nous "refilaient-ils le bébé", quand le mauvais coup de l'une des bandes s'accompagnait d'un homicide. Ses effectifs étaient comme ceux de tous les services : beaucoup de gars corrects, quelques têtes brûlées.

Alors que je m'approchais du couloir de leur repaire, je surpris la conversation de deux d'entre eux qui évoquaient justement l'anatomie de notre commissaire, tout en objectant que jamais ils ne coucheraient avec une Arabe, question de principe. Une noire encore, surtout si elle était carrossée comme la petite RMC, mais jamais une Arabe ! Quand ils me virent pointer le bout de mon nez au fond du corridor, ils s'arrêtèrent net et l'un d'entre eux, le plus jeune, s'apprêtait à délivrer une justification lorsque l'autre décida d'utiliser ce que certains sportifs prétendent la meilleure défense, c'est-à-dire l'attaque.

— Tiens justement, quand on parle de la louve, on voit la queue du loup ! ricana-t-il. On était en train de discuter de la patronne ; elle doit être bonne, non ? Toi qui l'as testée, Paul, tu peux nous affranchir sur le sujet, non ? Tu n'as pas peur de te retrouver ensuite forcé de la suivre à la mosquée, peut-être un jour à La Mecque, non ? Ne me dis pas qu'avec tout le temps que vous passez ensemble, tu ne l'as pas encore allumée, non ?

— Fais attention à tes propos, elle est commissaire et jamais tu n'aurais parlé de la sorte de Chantre ! Je préfère oublier immédiatement les paroles que je viens d'entendre…

— Tu ne vas pas me dire que tu acceptes sans broncher de te voir diriger par une gamine à qui tu dois encore changer les couches-culottes tous les jours, non ? La pilule est quand même un peu dure à avaler pour des mecs comme nous, non ? Une gonzesse, en plus une jouvencelle et en plus…

— En plus, un tantinet maghrébine, non ? terminai-je à la place de mon collègue dont la langue venait de se coincer. Cela ne me gêne pas le moins du monde. Je pense même que nous devrions tous l'aider à se former au métier, mettre notre expérience, notre connaissance du terrain, nos qualités personnelles et collectives à sa disposition. Au lieu de colporter des bobards et de lui mettre des bâtons dans les roues…

— N'empêche, l'autre jour, insista-t-il, les gars de la patrouille nous ont expliqué comment elle avait pris la défense des loubards plutôt que celle de ses hommes, c'est bizarre, non ? Comme par hasard, c'étaient tous des petits Beurs pas salés, tu vois ce que je veux dire, non ? Alors, ils ont les boules, les collègues, il faut les comprendre, non ?

— Lorsque tu les reverras, tu leur expliqueras que je me trouvais auprès du commissaire et que je n'ai pas la même version qu'eux sur les événements. Je suis donc prêt à les rencontrer pour confronter nos versions. Nos gars n'y sont pour rien, ceux du quartier non plus, et la patronne a désamorcé la bombe avant qu'elle ne nous saute à la figure ; voilà le constat honnête.

— Alors, toi aussi, tu défends ces petits bougnouls ? s'emporta-t-il tout d'un coup. Pour les beaux yeux de la Radia, pas vrai, non ? Seulement, je vais te dire un truc, Capitaine : lorsque ta fifille sera en goguette avec son colibri des îles et que des loulous viendront les importuner, ne compte pas sur nous pour venir leur prêter main-forte, non ! Et s'il leur arrive une bricole, un samedi soir, tu pourras seulement t'en prendre à toi-même, non... Je n'ai pas quinze ans de boutique pour accepter bêtement les ordres d'une novice, encore moins pour baisser mon froc devant des petits merdeux, non...

— Écoute-moi bien à ton tour, Picard ! répliquai-je en m'approchant de mon collègue. Si jamais il arrivait quoi que ce soit à Sarah, même si tu te trouvais, au même moment, en vacances aux Bermudes ou au pôle nord, je t'en tiendrai pour personnellement responsable ! Si tu réclames le respect de ta hiérarchie, commence par faire remonter l'ascenseur, car il peut fonctionner dans les deux sens. Je ne te prends pas en traître, mais si je t'entends encore baver une fois sur la commissaire ou sur un autre de tes supérieurs, je te dénonce sans hésiter au syndicat, car un raciste n'a rien à faire dans la police ! Et, juste un détail, je comprends pourquoi tu es toujours célibataire : à force de ponctuer chacune de tes phrases par non, tu n'as jamais su répondre oui devant Monsieur le maire ! Allez, je voulais voir votre chef, mais j'en ai assez entendu pour ce soir, je me casse !

À l'entame du jeudi matin, je sentais intuitivement que la journée serait décisive. Bien que ne travaillant pas ce matin, Sarah me conduisit à Quimper, désireuse de faire un peu de shopping avec Rose-Marie. Je n'étais pas parvenu à lui révéler la conversation musclée de la veille avec notre collègue de la BRC. J'aurais voulu la mettre en garde, seulement je commençais à la connaître et présageais sa réponse : elle était une grande fille qui avait su se défendre sans père jusqu'à ses vingt-six ans, elle ne voyait pas pourquoi cela changerait à l'aube de son vingt-septième printemps ! Elle me déposa devant le Colibri, changea de passager et s'apprêtait à repartir vers je ne sais quelle boutique branchée – car désormais, à l'époque où l'on prône l'économie de carburant, on implante les magasins à trois ou quatre kilomètres du centre-ville, ce qui nécessite d'emprunter sa voiture – lorsque je me penchai à sa vitre.

— Peux-tu me rendre le service de passer au bureau d'*Ouest-France* ? Hier soir, Ronan m'a téléphoné pour me dire que les documents que je lui avais réclamés m'attendaient à son bureau.

— On fera ça pour toi, mon petit Papounet !

— Et n'oublie pas qu'à midi, nous déjeunons au foyer-résidence de Fouesnant avec Micheline Jacq, l'ancienne institutrice ! Tu passes donc me prendre au plus tard à onze heures trente, compris ?

— À vos ordres, mon capitaine !

— Quand tu me fais des réponses de ce genre, j'ai l'impression qu'à tes yeux, je suis un père pénible qui t'infantilise en permanence…

— Sauf l'affection que je te porte, mon Papounet, parfois, tu es vraiment casse-bonbon !

— Ne faites pas attention, Paul, intervint Rose-Marie, c'est sa mauvaise période…

— Toi, la black, tu ne te mêles pas de cela, tu ne fais pas partie de la famille ! répliqua Sarah en adressant un coup de coude dans les côtes de sa copine.

Avant d'aller prendre des nouvelles de Pierre Vergne et d'accueillir son avocat qui n'allait pas tarder à arriver, j'avais promis à Radia de faire un point avec elle sur ma stratégie.

Elle m'avait donné rendez-vous au Colibri où elle se sentait finalement en territoire moins hostile qu'au commissariat, ce qui était un comble pour la patronne de la boutique.

Comme la dernière fois, elle se trouvait installée sur l'un des tabourets placés devant le bar et, puisque j'avais entamé la journée en vieux crétin pénible, je poursuivais dans la même veine :

— Radia, si je puis me permettre, vous devriez plutôt vous installer à une table, pour consommer. Vous êtes commissaire, tout de même, et certaines manières d'agir ne correspondent pas…

— Gardez vos conseils pour votre fille, Paul, je suis votre supérieure, ne l'oubliez pas ! Vous ne pouvez pas à la fois me demander de me rapprocher de mes équipes et me reprocher de me comporter de la même manière qu'eux. Je fume dans la cour comme eux, je pose mes fesses sur un tabouret comme certains d'entre eux, la société change, vous savez… Les patrons font du jogging avec leurs employés, tout le monde se tutoie dans les bureaux, c'est le monde moderne. Et je prends mon café, posée sur un tabouret, car j'ai été habituée à le consommer ainsi installée. Autre chose ?

— Je vais interroger Pierre Vergne en espérant qu'il me donne une indication sur ce qui s'est passé en pays bigouden à cette époque. La piste Julien Girard que je privilégiais, a pris du plomb dans l'aile. Aucun lien passé entre lui et la Bretagne, hélas ! Pas plus qu'il n'existe de connexion entre Fischer et Schuller, d'ailleurs…

— Donc, dans deux jours, le couperet va tomber sur mon cou et vous m'annoncez que vous n'avez pas avancé d'un pouce ! éructa Radia en sautant de son tabouret. Finalement, vous n'êtes qu'un fieffé vantard qui se complaît dans l'esbroufe, Paul Capitaine ! Le préfet va se régaler, en fin de semaine…

— Vous avez posé le pied gauche en premier sur le sol, en vous levant ce matin ? Vous avez mis du sel au lieu de sucre dans votre tasse ?

— Si vous voulez que je vous parle autrement, respectez-moi, Capitaine ! Et arrêtez de vous flatter de m'avoir sautée, de clamer que je suis un très bon coup, une fille même plutôt vicelarde pour une Beurette ! N'est-ce pas ce que vous avez raconté hier soir à quelques gars de la BRC qui s'en sont vantés à ce même zinc avant ma venue ? Par chance, votre amie Isabelle est sortie de sa cuisine pour me prévenir, dès qu'elle m'a vue. Elle semble vous connaître, elle a voulu prendre votre défense, me certifiant que, si vous étiez un garçon un peu volage, cela ne partait pas de mauvaises intentions… Seulement, je devais me montrer discrète dans les relations intimes, car les types de la maison d'en face ne me pardonneraient rien !

— La qualité d'un bon flic, Radia, c'est le flair ; humer la bonne odeur parmi les mauvaises. De cette qualité essentielle, vous semblez malheureusement dépourvue ! Notez, quand on est une commissaire, bien à l'abri dans son bureau, confortablement installée dans un fauteuil de cuir, ce détail est moins grave… Comptez autour de vous les gens sur lesquels vous pouvez vous appuyer, dans cette ville, et vous me ferez à nouveau confiance, malgré mes travers. De toute manière, je vous permettrai de tenir votre engagement envers le préfet, avec ou contre votre gré. Je vous laisse, Madame la commissaire, j'ai un coupable à confondre avant samedi…

Plus les minutes s'écoulaient, plus je sentais une moutarde forte me monter au nez, alors que, de prime abord, j'abordais cette journée avec calme et confiance. Avec détermination, mais profonde sérénité. Voilà comment une conjonction d'éléments extérieurs peut transformer un citoyen lambda, individu sans histoire et non-violent, en malfaiteur ou en criminel. Un enchaînement de mauvaises rencontres, une spirale d'agressivité latente, puis un détonateur et tout explose ! Aussi, avant de passer à l'action, pris-je le temps de me balader sur les bords de l'Odet, histoire de me calmer les nerfs.

Lorsque j'entrai dans le bureau de la Crim', je vis Carole en discussion avec une femme d'une petite cinquantaine d'années, aux yeux clairs aussi sublimes que l'était son physique, mis en valeur par une robe classique dans une espèce de satin bleu nuit. Le genre de pièce qui se porte habituellement pour de grandes occasions, en haute société. Ma collègue me présenta maître Valérie Charvet qui venait défendre Pierre Vergne. Celui-ci arriva peu après, flanqué d'un bleu qui l'avait sorti de sa cellule. La manière et le ton employés par l'avocate pour prendre des nouvelles de son client me firent immédiatement supputer qu'elle était aussi sa maîtresse. Les intonations n'avaient rien à voir avec le langage strictement professionnel, elles rappelaient davantage les roucoulades des tourtereaux que les vocalises d'un ténor du barreau...

Sa ou l'une de ses maîtresses, car le patron de BTP semblait un chaud lapin qui aimait rouler grand train, ce qui impose, chez Michelin, au moins quatre pneus... La légitime, sans doute la moins utilisée depuis quelques années ; la secrétaire qui nous avait reçus au bureau, Sarah et moi, une fille simple qui rendait service, en cas de vacance de la place de compagne de son patron ; son avocate, la favorite, femme de classe et de caractère comme on en rencontre très peu, sans doute même exemplaire unique sur Pont-l'Abbé ; et certainement une autre, plus colorée, pour varier les plaisirs et les genres... Quant à parler de procès d'intention, moi qui m'en trouvais si souvent la victime...

J'invitai les “roucouleurs” à me suivre dans la salle d'interrogatoire, Pierre Vergne fit passer son avocate devant lui, sans doute pour s'enivrer de son parfum capiteux et apprécier son déhanché suggestif. La vision de sa maîtresse lui avait donné un bon coup de fouet, il avait retrouvé sa prestance et son arrogance presque naturelle. Elle posa sa serviette sur la table, s'installa sur une chaise et démarra bille en tête :

— Je ne comprends pas très bien ce que vous reprochez à mon client, Capitaine ! D'après le peu que je sais de cette affaire, vous l'avez arrêté pour des faits reprochés à son père, voilà plus de soixante ans, c'est un peu surprenant comme méthode ! Remarquez, avec la police, j'ai appris à m'attendre à tout...

— Un Alsacien est venu mourir à Quimper, dimanche dernier ; il a vécu durant la guerre chez les parents de monsieur Vergne. Il savait des secrets de famille qu'il risquait de révéler durant son séjour, prouvant que la fortune initiale de votre client avait été bâtie sur des amitiés incontestables avec l'ennemi. Voilà pourquoi Pierre Vergne peut, à mon sens, avoir décidé de supprimer un personnage aussi dangereux pour la bonne marche de son entreprise…

— Au lieu de vous acharner avec jouissance sur un notable innocent, une enquête de routine nous aurait épargné une perte de temps ridicule ! Elle vous aurait permis de découvrir que monsieur Vergne se trouvait en ma compagnie, à l'heure précise où Jean Pêcheur a été tué à Quimper. Nous discutions ensemble des termes d'un contrat important, ce qui nécessitait de nous rencontrer durant tout un dimanche après-midi.

— Et naturellement, un tiers peut confirmer cet alibi providentiel ?

— Depuis quand la police réclame-t-elle un second témoin pour prouver la présence d'un premier auprès d'un suspect ? Sans doute une jurisprudence Paul Capitaine ? C'est bon, nous pouvons repartir à Pont-l'Abbé ? Mon client et moi avons à faire, voyez-vous, nous sommes de ces gens un peu masos qui se damnent au travail pour payer des fonctionnaires qui viendront plus tard leur chercher des poux dans la tête…

— C'est bon ! Vous en avez fini avec votre verbiage, Maître, si nous reprenions cette affaire depuis le début, voulez-vous ? répliquai-je en ouvrant mon dossier sur la page des recoupements qui ne collaient pas. J'aimerais que monsieur Vergne m'explique pourquoi il a évoqué une photo ancienne montrant, selon lui, sa sœur assise sur les genoux de Hans Fischer, alors qu'il s'agissait de ceux du lieutenant Schönbrunn. Je souhaiterais aussi comprendre les raisons qui l'ont poussé à exclure cette même Vonnik de la cellule familiale, lui faisant chaque mois l'obole d'une aide humiliante, quand elle est, autant que lui, détentrice de droits sur l'héritage de leurs parents. Pourquoi autant de mystères, de manigances, de perfidies, quand on a la conscience tranquille ?

— C'est quoi, cette histoire de photo ? s'étonna l'avocate en tournant la tête dans tous les sens.

— Pourquoi sortir de l'oubli un cliché jauni par le temps, monsieur Vergne, alors que je ne vous réclamais rien de cela ? Quel secret détient votre sœur, que je ne devrais absolument pas découvrir ? À moins que tout cela serve à me mettre sur une piste que je devrais deviner ; dans ce cas, monsieur Vergne, pardonnez-moi, j'ai passé l'âge de jouer à colin-maillard ou cache-tampon.

J'avais engagé la conversation sur un terrain qui échappait totalement au contrôle de maître Charvet, et cela exaspérait totalement la belle avocate. Je la négligeais à dessein pour me concentrer sur son client, embarrassé de savoir ce qu'il pouvait dire, ce qu'il devait occulter d'un passé antérieur à sa naissance, qui lui collait pourtant aux semelles, davantage qu'il ne le prétendait. Il choisit d'ailleurs son âge pour justifier son erreur à propos de la photo ; mauvaise pioche, car il avait bien sorti ce cliché des oubliettes, pour espérer m'amadouer, lors de ma visite. Sans envisager qu'un policier connaissait les grades de l'armée allemande, sans imaginer que sa sœur Vonnik ne jouerait pas le jeu. Il finit par concéder qu'il connaissait, en reprenant l'affaire à la suite de l'un de ses grands frères, les magouilles de son père Corentin. Il avait également appris le suicide du lieutenant Schönbrunn, au moment où des résistants allaient l'arrêter sur le chemin de la retraite vers l'Allemagne. Il avait tenté de retrouver la piste de Hans Fischer, sans résultat, ignorant totalement que son père l'avait aidé à changer d'identité. En quelques dizaines de minutes, pressé de quitter le commissariat, Pierre Vergne finit par révéler tout ce qu'il savait, même les détails que je ne lui demandais pas ! Si je n'y retrouvais pas les pièces nécessaires à reconstituer mon puzzle, je notai la sincérité, chez un homme habitué à louvoyer. Ce passé le consumait, finalement ! Il feignait de s'en désintéresser, alors qu'il avait tout fait pour que je l'aide à s'en débarrasser. Un peu comme le père avait collaboré en se forçant à croire qu'il ne pouvait agir autrement, le fils m'aidait à découvrir la vérité pour justifier ensuite qu'il n'avait rien révélé, il était juste tombé sur un flic très intuitif.

Il évoqua sa demi-sœur, dans le mépris de laquelle il avait été élevé, puisqu'elle n'était pas réellement du giron. Il l'aimait bien, c'est pour cela qu'il ne la laissait pas tomber, même si, par rapport à ses frères qui avaient mené leurs affaires loin de la Bretagne, il devait s'en tenir aux consignes paternelles. Si l'aide qu'il lui octroyait chaque mois semblait dérisoire, elle constituait pourtant bien plus que la suggestion initiale de son père. Et puis sa femme ne lui pardonnerait jamais d'accorder à Vonnick, tant sur le plan matériel qu'affectif, davantage que ce qu'ils avaient convenu ensemble.

Assise auprès de lui, Valérie Charvet semblait découvrir un autre homme que celui auprès de qui elle passait certaines de ses nuits, bien éloigné du personnage de macho arrogant qu'il devait incarner par la force de l'habitude. Là, on pouvait percevoir ses fragilités, sa lassitude morale, la partie négative du bilan de sa vie.

Finalement, il avait agi selon ce que son père avait prévu pour lui, même s'il l'avait peu connu, il subissait toujours les pressions morales de ses aînés, même s'il semblait tirer les ficelles. Il se pliait au diktat de son épouse, même s'il jouait le mâle dominant. Paul s'apprêtait à le relâcher et à clore le dialogue quand Pierre Vergne l'apostropha, soucieux d'achever sa confession rédemptrice :

— Finalement, j'existe uniquement par l'image de moi que peuvent cultiver les gens qui me côtoient. Hier, sans peut-être le remarquer, vous m'avez ramené à ma condition réelle ; j'allais en balade en Écosse et j'en ai ramené le goût du Bowmore. J'ai les moyens financiers de me le procurer et une histoire à raconter à mes invités, en le servant avec fierté… Vous, vous alliez chercher une réponse pour apaiser des familles anéanties par le chagrin et un whisky plus banal vous a aidé à accepter l'intolérable. Je joue un rôle, vous incarnez la vie concrète, je vous jalouse un peu !

Il existe dans mon métier, comme dans bien d'autres sans doute, des instants troublants au cours desquels un destin vacille, bien au-delà des faits pour lesquels l'individu se trouve en face de moi. Je ne pensais pas Pierre Vergne suffisamment bon comédien pour me jouer le numéro de l'homme arrivé qui s'apercevait soudain qu'il s'était trompé de poteau, au seul but d'attirer ma sympathie. Mon interlocuteur avait décidé d'accrocher sur un portemanteau ses habits de notable pour tenter d'endosser un autre costume, celui d'un homme vrai, abandonné dans une malle, dans sa plus tendre enfance. Il menait l'existence pour laquelle il avait été programmé, pas celle qui correspondait à ses désirs. Et là, il cherchait juste à me confier qu'il était las de la comédie humaine, fatigué d'un rôle trop lourd à assumer, prêt à perdre beaucoup pour tenter de recouvrer l'essentiel. J'aime les gens qui font l'effort de tenter de se livrer sans fard, j'ai toujours trouvé beaucoup de grandeur au fait de minimiser son importance.

— Je pense que, dans le cours d'une journée, nous sommes tous un moment nous-mêmes, un autre instant quelqu'un d'autre, avançai-je en fixant la prunelle de ses yeux. On passe peut-être même une vie entière à tenter de découvrir qui nous sommes réellement… La part personnelle, l'héritage réel et virtuel reçu de nos parents, l'importance des gens qui ont façonné notre identité, les aléas d'un parcours, le chemin emprunté à un carrefour mal indiqué... La collègue qui m'accompagnait hier, cette jeune femme opiniâtre, un rien insolente, c'est Sarah, ma fille. Voilà six mois, j'ignorais encore que j'étais le père d'une pépite de vie incomparable ! Elle a traversé l'Europe pour retrouver un père inconnu en Bretagne, elle a voulu devenir flic quand elle a su qu'il l'était, elle a demandé un poste à Quimper, car elle savait que son géniteur était originaire de cette ville. Le hasard a voulu que nous devenions partenaires. Je ne l'ai pas élevée, pourtant j'ai influé sur le cours de son existence, d'une certaine manière. À tort ou à raison ? Je ne le saurai jamais...

— Cette nuit, j'ai interrogé l'OPJ de garde, le capitaine Mortier, pour en savoir un peu plus à votre sujet. Elle ne tarit pas d'éloges sur votre parcours. Ainsi, vous faisiez partie de la Cellule-Élysée et vous avez choisi de venir vous enterrer à Quimper ! Une trajectoire peu banale, en vérité... Certainement bien éloigné de plans de carrière traditionnels...

— Vous savez, monsieur Vergne, on a tous nos combats, nos conflits, nos résistances, nos maquis, nos actes héroïques et nos viles trahisons, quelle que soit l'époque. J'ai appris de ma petite expérience qu'aucune rancune ne méritait le déclenchement d'une guerre. Qu'un conflit faisait des petits perdants et de gros perdants, jamais de gagnants ! Si j'avais un conseil à vous donner, ce serait de vous réconcilier définitivement avec Vonnik, de l'accueillir chez vous, puisque votre demeure semble tellement grande, à présent que vous y vivez à deux, de laisser vos frères à leurs considérations négatives et d'imposer cette décision à votre épouse... Croyez-moi, elle l'acceptera, j'en suis convaincu ; elle a plus à perdre qu'à gagner dans un conflit de couple...

— Je crois que je vais écouter votre conseil, il est empreint de bon sens... ponctua Pierre Vergne, le visage illuminé d'un rayonnement nouveau. J'ai mené une existence voulue par mon père, j'ai pris pour épouse une femme qu'il m'avait choisie, celle-ci n'a jamais vu, dans ma réussite, que les avantages matériels dont elle pouvait bénéficier. Elle aime le notable que je représente aux yeux de notre entourage, pas l'homme dans le costume. S'en est-elle même soucié un jour ? Elle, et combien d'autres femmes autour de moi, d'ailleurs ! Finalement, Vonnick est la seule à me considérer pour ma personnalité et ses énormes défauts mais aussi ses quelques modestes qualités... Je me suis trompé à votre sujet, vous êtes un bon flic et un homme bien, Capitaine !

— Cela, il faudrait le dire à la glace de ma salle de bains qui s'ingénie chaque matin, quand je me rase, à me renvoyer une image de moi qui ne me convient pas toujours. Elle devrait sûrement réfléchir davantage au type qu'elle a en face d'elle...

On se leva d'un élan simultané, on se serra la main et, dans un même geste, on regarda notre montre, ce qui nous fit sourire. Une complicité venait de naître, une métamorphose s'était opérée chez Pierre Vergne, visible sur son visage. Il était bientôt onze heures, ma matinée était plus qu'entamée, pourtant je me sentais heureux. Le policier avait perdu son temps et un suspect potentiel, l'homme s'était enrichi d'un contact sincère. Le patron de BTP me convia à venir déguster un verre de Bowmore, si mes pas me conduisaient vers Pont-l'Abbé, puis il se tourna vers son avocate pour lui demander si elle n'était pas garée trop loin. Elle lui répondit sèchement. Son regard sur lui avait changé, fatalement, comme si elle préférait le macho arrogant à cet homme nouveau qui venait de révéler sa part de fragilité, d'humanité, au point de s'apprêter à tendre une main pacifique à sa demi-sœur.

Elle préférait aussi la compagnie du notable, un bon tremplin pour sa carrière, avec des personnalités figurant dans son carnet d'adresses, sans doute... Les mystères de la sensibilité féminine et de la nature humaine, une fois de plus ! Alors que son client s'adressait au planton pour récupérer les affaires qui lui avaient été retirées avant la garde à vue, Valérie Charvet s'approcha de moi, sourire ravageur, presque carnassier aux lèvres.

— Capitaine, si vous avez un jour besoin d'une avocate pour défendre vos intérêts, n'hésitez pas à me contacter ! Voici ma carte, mon cabinet se trouve à proximité du château de Pont-l'Abbé. Je passe pour une pointure dans la région, vous savez ! Nous pourrions d'ailleurs convenir d'un rendez-vous pour faire davantage connaissance…

— Votre sollicitude me touche, je vais pourtant devoir décliner l'offre ! J'ai une fille extrêmement jalouse, possessive même, qui arrache les yeux de toutes les femmes qui m'approchent. Et, je l'avoue en connaisseur, les vôtres, ce serait dommage… De plus, monsieur Vergne a toujours besoin de vos conseils, surtout le dimanche après-midi, pour les dossiers brûlants… En tout bien tout honneur, naturellement, je n'avais jamais rien imaginé d'autre, rassurez-vous !

Le sourire ravageur se transforma instantanément en mimique dédaigneuse. Tous deux quittèrent le bureau, je les accompagnai jusqu'à la porte de sortie du commissariat. Sarah arrivait justement, que Pierre Vergne salua avec déférence. Deux paires rivales d'yeux féminins se transformèrent en revolvers à nombre de coups illimités… Tout en enroulant machinalement une écharpe en cachemire autour de son cou, Valérie Charvet indiqua de la main la direction de l'Odet en ânonnant à son client qu'elle se trouvait garée par là. Un peu plus tard, les yeux rivés sur le postérieur de l'avocate, Sarah leva la tête vers moi pour m'interroger :

— Tu l'as libéré ? Finalement, il n'avait rien à se reprocher, pour le crime ? Au moins, il en aura rabattu, durant sa garde à vue. Jamais l'expression profil bas n'a été si pertinente qu'à cet instant, quand il m'a saluée avec respect… C'était qui, cette pétasse qui le cornaquait ? J'ai cru qu'elle allait m'étrangler. Tu as vu sa manière de remuer du popotin ? On dirait une cocotte qui accompagne un jules…

— C'est son avocate, elle m'a spontanément offert de me défendre, si j'avais un souci judiciaire, expliquai-je avec candeur. Elle m'a proposé un rendez-vous pour en discuter, un dimanche après-midi, pour ne pas troubler mon emploi du temps de la semaine. Je n'ai pas donné de réponse immédiate, je voulais t'en parler au préalable.

— Pardonne-moi, mais tu vaux mieux que cette grue vulgaire… Poitrine refaite, cela se devine aussitôt. Et ses lèvres, tu as vu ses lèvres ? Bourrées de collagène pour paraître plus pulpeuses, il paraît que les mecs aiment cela…

— Elle m'a quand même affirmé qu'elle était une grosse pointure, dans la région…

— En plus, elle a des grands pieds ! Manquerait plus qu'elle se prénomme Berthe ! Bon, tu es prêt, j'ai précipité mes achats pour venir te chercher et je suis garée en double file… Allez, bouge-toi, arrête de fantasmer devant un mannequin de chirurgie esthétique, tu me déprimes…

Le foyer-résidence de Fouesnant n'était pas loin du bourg, à l'entrée de la ville. Il s'agissait de bâtiments blancs, bien entretenus, rendus encore un peu plus gais par un rayon de soleil. Sarah me susurra timidement qu'un jour, il faudrait envisager une solution de ce genre pour Papy, tant qu'il était encore temps. Encore fallait-il que cet établissement prenne en charge des retraités atteints par la maladie d'Alzheimer… Voilà exactement le genre de perspective que ma fille évoquait avec légèreté et réalisme, alors qu'elle me fichait un maudit cafard. Je m'étais toujours senti démuni devant la souffrance et le déclin des proches, incapable de leur adresser la moindre parole de réconfort, pour peu que je connaisse la réalité de leur état physique.

Une charmante hôtesse nous accueillit avec un large sourire en nous expliquant que Micheline attendait notre venue avec impatience. Elle recevait si peu de visites, alors qu'il s'agissait d'une personne sans problème, tellement agréable et si cultivée, que cette journée devenait pour elle un moment de fête. Elle le méritait bien, considérée par le personnel de l'établissement comme la plus agréable des pensionnaires…

La jeune femme nous guida jusqu'à un salon de télévision où nous attendait une femme superbement habillée, dont les traits trahissaient certes l'âge avancé, mais dont le regard pétillait encore de vivacité et de malice. Elle se leva de son fauteuil et s'enquit, auprès de l'hôtesse, de la possibilité de s'installer déjà à la table qu'elle avait réservée de bon matin. La jeune femme lui assura que tout avait été organisé selon ses désirs. Aussitôt, Sarah, qui aimait tant les personnes âgées, prit l'ancienne enseignante dans ses bras, comme s'il s'agissait de sa grand-mère. Il est vrai qu'elle n'avait pas eu le bonheur de connaître les siennes. À mon tour, je saluai Micheline en tendant la main, elle ouvrit ses bras pour m'accueillir sur son cœur, accompagnant son geste d'un sourire tel qu'il m'était impossible de refuser l'appel affectif. Au milieu de son visage plissé de presque nonagénaire, elle conservait de superbes yeux bleus qui exprimaient une immense bonté.

L'hôtesse nous accompagna jusqu'à une table située un peu en retrait de la grande salle où les pensionnaires avançaient à leur rythme vers la place qui leur était réservée. Une décoration de pétales de fleurs égayait la nappe blanche. Micheline nous pria de nous installer à notre convenance, se plaçant dos à la fenêtre, car ses yeux craignaient la réverbération à travers la vitre. Elle nous regarda longuement et nous avoua à quel point notre visite lui faisait plaisir. Même si nous étions des policiers et même si elle ne comprenait pas très bien le motif de notre venue. Et puis, elle possédait une botte secrète qui me laissa sans voix.

— J'ai connu un Jean-Marie Capitaine qui fut chef de gare à Quimper ! En fait, j'ai surtout connu son épouse, Corinne, qui fut l'une de mes élèves à Tréméoc. J'imagine qu'il s'agit d'un nom courant et qu'il n'existe aucun lien entre eux et vous…

— En fait, je suis leur fils, Madame ! répliquai-je, sidéré par l'étonnante coïncidence. Mon père vit sa retraite à Bénodet, ma mère est décédée d'une rupture d'anévrisme, voilà cinq ans à présent. Sarah est ma fille, ma fille et ma collègue. Je ne m'attendais pas à trouver en vous l'une des enseignantes de ma mère, même si elle me parlait souvent de Tréméoc et que je n'ai pas oublié qu'elle était originaire de cette commune. Le monde est décidément petit ! Nous venons justement pour vous demander de fouiller dans vos souvenirs à propos d'une époque douloureuse, celle de la guerre…

— Vous avez raison, ce n'est pas l'époque la plus agréable de mon existence ! confirma l'ancienne enseignante d'une voix encore un peu plus tremblante, un voile de tristesse ternissant son doux regard bleu azur. J'étais une jeune institutrice, débarquant de Douarnenez dans ce petit village bigouden inconnu. Il faut comprendre qu'à l'époque, on ne voyageait pas comme aujourd'hui. On allait à Quimper pour les études supérieures ou pour les courses importantes, sinon notre pays se situait autour de Douarnenez…

— Tréméoc fut votre premier poste d'enseignante ? questionnai-je, encore perturbé par ce hasard incroyable.

— Mon premier et mon seul, j'y ai accompli toute ma carrière ! J'avais vingt-deux ans en 1941, quand j'ai débarqué à Tréméoc, un peu perdue dans ce bourg dont j'ignorais tout, hormis le nom et la localisation approximative. Surtout en cette époque bien trouble pendant laquelle l'inconnu devenait vite suspect aux yeux des vieilles familles du pays. Pourtant, j'ai rapidement été acceptée par la population, par les enfants, par les élus. Je suis devenue secrétaire de mairie, dans la plus petite mairie de France, en même temps qu'enseignante pour des mômes de tous les âges. Enfin, ceux que les parents acceptaient de voir fréquenter l'école du diable, comme certains la nommaient à l'époque !

— Par opposition à l'école catholique, précisai-je en regardant ma fille que je pensais ignorante de ce détail d'époque. Surtout en Bretagne, terre catholique…

— Le plus pénible, en cette période, c'était de discuter sans trop exposer ses opinions. Il y avait les inconditionnels du maréchal, le plus souvent par facilité intellectuelle, et les fervents du général de Gaulle, patriotes dans l'âme, quoi qu'il leur en coûte. La position d'un enseignant était particulièrement difficile, car les gamins rapportaient tout propos polémique, sans malice le plus souvent. Et que dire de la municipalité, prise entre deux feux, parfois divisée sur certaines questions délicates…

Micheline parlait et Sarah buvait ses paroles. La serveuse avait déjà apporté les assiettes de hors-d'œuvre : tranches de tomates et œuf mimosa. Aucun de nous trois n'y avait touché, pas plus qu'à la carafe de vin. Je ne sais ce qui me ravissait le plus… le plaisir que nous procurions à notre interlocutrice, l'avidité de Sarah à découvrir le passé de la région, le lien entre cette personne et ma mère ou l'espoir que l'évocation nous révèle le détail que nous recherchions. On finit par avaler le contenu de nos assiettes, puis Micheline reprit ses explications :

— Les Allemands sont arrivés en 1940, ils se sont installés dans le village comme un peu partout dans le pays. D'autant qu'ils avaient des vues sur les galets de Tréguennec et pensaient utiliser la voie ferrée de Pont-l'Abbé à Quimper pour acheminer leurs convois vers les lieux où ils avaient décidé d'implanter les blockhaus du Mur de l'Atlantique. Le trafic n'arrêtait jamais, de jour comme de nuit, l'effervescence était permanente à la gare de Pen-Enez. Chacun a passé cette période comme il l'a pu. Que souhaitez-vous savoir, exactement ?

— Peut-être avez-vous appris la mort d'un homme de votre génération, Jean Pêcheur, à Quimper, dimanche dernier ? expliquai-je à notre interlocutrice. En fait, il se nommait Hans Fischer, il était Alsacien, l'un de ces Malgré-Nous qui durent intégrer l'armée allemande. Il œuvrait à la gare de Pen-Enez, il y était chargé de l'organisation du départ des convois de galets concassés.

— Je me souviens de ce jeune garçon très sympathique, qui contrastait avec nombre de soldats de son entourage, notamment le lieutenant sous les ordres de qui il opérait. Celui-là, j'ai oublié son nom, tiens !

— Schönbrunn, le lieutenant Schönbrunn !

— Oui, c'est cela, un vrai coureur de jupons qui a abusé de bon nombre de jeunes femmes de la commune. J'ai dû mon salut au maire, alors qu'il m'avait coincée dans ma salle de classe, en me soupçonnant d'appartenir à un réseau de résistance ; mais cela n'est pas le sujet de votre question... Pour revenir à Fischer, c'était tout l'opposé ; il avait mon âge, c'est vrai, et il était tombé amoureux de l'une des plus âgées de mes élèves, qui n'avait pourtant que seize ans ! J'avais remarqué leur manège, de ma chambre de fonction, mais ils étaient beaux à voir, tous les deux. Je ne me souviens plus du nom de cette fille, mais si vous repassez demain, je vous rechercherai cela dans mon cahier de notes. Fischer habitait chez la famille Vergne, avec son lieutenant. Malgré tout, il traînait au bourg, dès qu'il avait un moment de disponibilité, ce qui était très rare. Le soir, il parvenait cependant à s'échapper pour rejoindre sa belle... C'était donc Fischer, la malheureuse victime de Quimper ? Mais pourquoi ? Pourquoi venir mourir à Quimper quand on est originaire de l'est de la France ?

— C'est la question qu'on se pose... répondis-je, embarrassé. Il venait en qualité de consultant technique pour un téléfilm qui se tourne en ce moment à Tréguennec. Seulement, qui l'a éliminé ? Et pourquoi ?

— J'ai lu l'histoire du scénario... Je me souviens qu'un jour Fischer m'avait confié sa passion pour les trains, qui lui avait évité une affectation en Sibérie, avant de me susurrer à l'oreille qu'un jour, il aimerait revenir découvrir la Bretagne en temps de paix, la plage de Tréguennec, avec ou sans ses galets, le pays bigouden, sans la haine et les craintes... Quelle folie, la guerre !

— Qu'est devenue la petite amie de Fischer, à la Libération ?

— Elle était la fille d'un couple de paysans du bourg, sur le plateau. Le père était un homme autoritaire. Nous avons su par la suite qu'il était un maillon d'un réseau de résistance sur Plonéour. Il avait rejoint le maquis et revenait rarement à la ferme, avec ses deux fils, car les Allemands patrouillaient sans cesse ; pourtant, il fallait bien récupérer des vivres, des affaires propres, aussi les familles avaient-elles un code pour prévenir que la voie était libre… Je sais juste que, le jour où il a appris la relation de sa fille avec Fischer, il est devenu fou et il l'a renvoyée de sa maison. Elle est partie chez son frère, à Plogastel-Saint-Germain. Vous me croirez si vous voulez, Fischer est parvenu à retrouver sa trace et ils ont poursuivi leur relation. Jusqu'au jour où son père s'est montré plus expéditif, peu avant la fin de la guerre, il a conduit sa fille à Quimper et l'a placée dans le premier train en direction de Paris ; on ne l'a jamais revue… Ce qui s'est passé entre eux est resté un secret pour tout le pays. Je n'arrive pas à me souvenir comment s'appelait cette gamine, je suis vraiment désolée. Avec les pilules qu'on me force à avaler, ma mémoire commence à défaillir… Vous pensez que cette gamine serait liée à la mort de Fischer ?

— Nous l'ignorons encore, nous cherchons ; tout cela s'est déroulé voilà si longtemps ! L'un de nous deux repassera demain pour recueillir le nom de cette personne. Elle n'a peut-être rien à voir avec ce meurtre, seulement nous devons en avoir le cœur net. Et puis, nous pataugeons tellement, dans cette affaire, qu'il ne nous reste guère que cette branche à laquelle nous raccrocher...

On acheva le déjeuner sur des conversations plus agréables. Micheline fascinait Sarah qui la harcelait de questions, parfois gênantes. Ainsi apprit-on cependant que notre interlocutrice était seule, n'ayant jamais pris d'époux, pas plus qu'elle n'avait eu d'enfant. Enfin, elle avait donné une culture et une éducation à des centaines de gamins, mais ils n'étaient pas les siens... Elle finit par évoquer le souvenir de son petit ami, un Douarneniste qui était parti se battre sur le front des Ardennes et n'était jamais revenu ; elle avait jugé normal de lui rester fidèle, car ils s'aimaient vraiment et elle avait fini par se satisfaire du souvenir de deux années de passion intense. Entre-temps, elle avait perdu sa mère, dernier lien familial, car son frère avait été victime de la guerre, lui aussi, alors que son père, entré dans la Résistance sur Douarnenez, avait péri des mains de la Gestapo, lors d'un interrogatoire. Un voile de mélancolie altérait son doux regard d'azur, un second éteignait sa voix, trahissant une profonde émotion.

Sarah le comprit bien, qui posa la paume de sa main sur le dos de celle de la nonagénaire, avant de lui adresser un regard empli de toute la compassion du monde.

Les tables de la salle s'étaient vidées depuis longtemps. On décida de se lever. Micheline me demanda des nouvelles de mon père, je lui résumai son état : le physique tenait, la tête déraillait, un problème pour un chef de gare ! Elle me supplia de lui parler de Micheline, l'institutrice de Corinne ; elle côtoyait des personnes qui n'avaient pas le souvenir du présent, mais conservait un souvenir intact des temps forts de leur jeunesse. Je n'eus pas le cœur de lui répondre que cela serait inutile. Sarah promit de ne pas oublier ; plus encore, elle s'engagea à passer voir sa nouvelle amie de temps en temps. Micheline se tourna vers moi pour me dire que j'avais une fille merveilleuse, une parole qui me serait certainement resservie plus tard, au moment opportun ! On quitta la résidence pour regagner notre véhicule, la retraitée continuait à nous suivre du regard à travers la vitre et, quand on se retourna, elle nous fit un au revoir de la main. On avait ensoleillé sa journée, nous n'avions pas tout perdu. Notre enquête n'avait pas avancé d'un pouce, mais on avait rendu une personne heureuse !

On se dirigeait vers Quimper sans dire un mot. Je pensais à l'échéance du samedi et cela m'angoissait de plus en plus. Je tentais de rassembler les données pour recouvrer un semblant de conviction sur une quelconque piste, sans trop de réussite. Bien sûr, on avait bien cette hypothétique inconnue qui avait croisé la trajectoire de Fischer, avant de suivre son propre sillon dans un autre univers, pas forcément plus rose. Je me raccrochais à ma baraka qui ne m'avait jamais laissé en plan, sans trop d'espoir cependant. Sarah était partie dans un autre délire, qui n'avait rien à voir avec notre enquête :

— Je suis certain que Papy se souvient de cette femme ! Quand on a, un jour, croisé une personne aussi exceptionnelle, comment l'oublier ? Ce serait super s'ils finissaient leur vie tous les deux, dans ce foyer, l'un près de l'autre, comme deux amis de longue date... Cela me réconcilierait avec la vie, car ces jours-ci, j'ai plutôt le moral dans les chaussettes, tout va de travers dans mon existence ; et l'état de Papy n'est pas le moindre de mes soucis... Ah, j'ai oublié de te dire, Colette a appelé, ce matin, elle nous invite dimanche midi chez elle, pour fêter un grand événement.

— Ne me dis pas que ma sœur a fini ses stages et obtenu son diplôme de médecin légiste ?

— Si, elle va pouvoir agir pour le compte de l'autorité judiciaire, mais pas seulement pour les affaires criminelles, m'a-t-elle expliqué. Également pour des coups et blessures, des affaires de mœurs, des abus sexuels, l'aptitude d'une personne à conduire... Tu vois, son domaine d'investigation est vaste ; elle ne va donc pas traiter seulement des cadavres. Elle a invité aussi Dominique et puis notre équipe : Carole, Rosie et Mario. La vraie fiesta, quoi ! Je lui ai promis de m'occuper du dessert...

— J'y pense, le dossier de Ronan à *Ouest-France*, tu en as fait quoi ?

— Mince, j'ai complètement zappé cette commission ! Je suis désolée ! Quand je te disais que j'étais perturbée en ce moment ! Tu m'en veux ?
— Quand je pense que certaines personnes, qui te connaissent vraiment mal, disent que j'ai une fille merveilleuse…

VI

Lorsqu'on a le moral dans les chaussettes, rien de tel qu'un ami pour vous redonner une esquisse de sourire. Quand il me vit arriver, Ronan Feunteun comprit à mon visage que mon enquête ne se déroulait pas aussi bien que souhaité. Il n'eut pas le cœur à me dire que, de son côté, il n'avait pas glané grand-chose, alors il m'invita à boire une bière au bar voisin pour me montrer le contenu de l'enveloppe préparée. Je le connaissais, quand il avait un tuyau de première, il ne pouvait résister au plaisir de me livrer promptement l'information. Quand il me laissait languir, ce n'était jamais bon signe ! Au moins, il avait cherché, ce qui représentait déjà une satisfaction pour moi. On s'installa à notre table habituelle, on commanda deux bières bretonnes, il posa son enveloppe et appuya ses avant-bras dessus.

— Cap, que se passe-t-il avec ta nouvelle patronne ? J'ai fait mon article sur elle, je l'ai présenté au rédacteur en chef régional pour accord, comme cela se passe, sans le moindre problème habituellement, et il m'a demandé de le mettre sur le coude, arguant qu'elle n'était certainement que de passage. Elle trimballe des casseroles ou elle s'est grillée dès son arrivée ?

— Ses casseroles se nomment âge, sexe et couleur de peau, nous en avons déjà parlé. Trop jeune, trop nana, trop bronzée ; le préfet, lui-même, semble ne pas apprécier... Et il n'est pas le seul, dans certains services, c'est déjà la fronde ! J'enquête sur une période trouble de notre histoire et, en même temps, avec le traitement de faveur dont "bénéficie" Radia, il me semble revivre les pires moments de la collaboration, ceux de la délation mensongère par intérêt personnel et du procès d'intention pour délit de sale gueule ! Il devient quoi, ton papier ?

— J'attends un peu pour le passer. Elle m'a appelé pour me demander pourquoi il ne figurait pas dans l'édition de ce matin. J'ai ramé pour lui expliquer que nous avions des dossiers d'actualité à traiter en priorité et que l'article sur elle serait publié plus tard. Elle ne m'a pas cru, je l'ai bien senti aux intonations exaspérées de sa voix. Elle est mal barrée, si tu veux mon avis, elle n'a pas la carrure pour résister à la pression psychologique. Et toi avec, si tu la soutiens, comme j'ai cru le comprendre...

— Par chance, j'ai un superpote qui est toujours là pour me sauver le coup, et cette fois j'en ai bigrement besoin. Je dois boucler cette affaire pour demain soir, ce qui permettrait à Dominique de prendre la suite. Seulement, toutes mes pistes se cassent la figure les unes après les autres ; Vergne n'est pas dans le coup,

Schuller, le producteur, est clean, semble-t-il. Enfin, le romancier-scénariste, Julien Girard, n'a rien à voir avec la Bretagne, il n'y avait jamais mis les pieds auparavant.

— Hélas, j'ai trouvé peu d'informations sur ce téléfilm et ses protagonistes. Seulement un bon article sur Julien Girard, de passage dans une librairie de Rennes, pour la dédicace de son livre *Les Galets de Tréguennec*. Tu le vois sur la photo, accompagné de son épouse. J'ai lu le papier de mon confrère ; rien de ce qui est rapporté ne lie cet écrivain au meurtre récent, en effet. Il explique même qu'il rassemble des témoignages sur l'atmosphère de l'époque et qu'il les restitue ensuite autour d'un lieu qui a servi de cadre à un événement marquant. Le destin des galets de Tréguennec avait éveillé son intérêt. Le titre lui semblait évident, en référence au film de Sergio Gobbi : Les galets d'Étretat ! Une histoire de viol et de vengeance, déjà…

— Intéressant, mais insuffisant pour satisfaire mon attente…

— Pour le reste, un petit dossier sur Baudoin Schuller qui a effectivement financé beaucoup de films historiques. Mais cela ne fait pas pour autant de lui un suspect. Enfin Xavier Chrétien, le réalisateur, est une tête de lard, un type qui déteste les journalistes et encore plus les critiques, mais dont je dois cependant reconnaître le talent. Voici le texte intégral de son interview du début de semaine par une collègue de la rédaction. Il n'a pas d'états d'âme, le gars, "*the show must go on*" comme on dit dans son métier. J'ai appris aussi que les acteurs pour les rôles principaux arrivaient lundi en matinée ; une belle distribution.

— Sais-tu si la femme de Girard l'accompagne cette fois ? L'article prétend qu'elle suit son mari partout, cependant je n'ai jamais vu son visage à l'hôtel, lors de mes quelques visites... Laisse tomber, je vais me débrouiller avec mon équipe pour savoir cela ! Merci pour tout !

— Dis, Paul, il faudra qu'on se fasse une petite bouffe, tous les trois, l'un de ces soirs ! suggéra Ronan pour changer de sujet. Françoise se languit de toi, elle pense que tu lui en veux personnellement...

— Pourquoi lui en voudrais-je ? C'est moi qui suis parti sans lui promettre un retour. Encore moins une suite entre nous... Et puis vous allez bien ensemble, tous les deux... Je te laisse, j'ai du taf et je cours contre la montre ! Cependant, je retiens l'idée de la petite bouffe...

À peine arrivé à proximité de mon bureau du commissariat, je fus appelé par Carole qui semblait se plaire dans son costume de chef de groupe ; costume déjà au sens propre, car son tailleur gris passait mieux dans les salons feutrés que sur le terrain de l'action de choc ; et, comme elle avait de plus adopté le ton autoritaire et le maintien rigoureux d'une patronne, il s'agissait d'une totale métamorphose. Comme je lui en fis part, elle haussa les épaules. Pourtant, tout en elle avait changé, jusqu'à son eau de toilette, plus raffinée, moins sportive !

Néanmoins, valeur intangible, toujours le même besoin affectif sous-jacent, qui démontrait si nécessaire que la réussite professionnelle ne comblait pas tous les manques.

— Cela t'intéresse, les fruits de mon tête-à-tête avec Vonnik, la sœur de Pierre Vergne ? En fait de petite conversation, on y a passé la matinée, du reste… Comme j'ai cru comprendre, en laissant traîner une oreille intéressée dans les couloirs, que tu cherchais l'identité de la petite copine de Fischer en Bretagne, j'ai orienté la conversation sur ce sujet. Car, soit dit en passant, quand Hervé maugrée de ne pas recevoir de rapports réguliers de ta part, je commence à le comprendre…

— Alors, tu as pu obtenir des renseignements sur cette fille si mystérieuse ? questionnai-je, impatient.

— Marie Kervellec ! La fille d'une figure de la Résistance bigoudène, Fanch Kervellec. Elle et Fischer se sont vus presque tous les soirs pendant six mois, de la fin 43 au début 44. Il se disait même qu'elle avait son entrée dans son bureau de la gare, quand il se trouvait de garde et que les autres soldats allemands n'y trouvaient rien à redire. Lorsque son père l'a appris, cela a bardé pour le matricule de la gamine. Le lendemain matin, elle prenait son baluchon, direction Quimper, ensuite plus de nouvelles ! Tu imagines la honte pour ce type, auprès de son réseau…

— D'un autre côté, grâce à ses entrées dans la place, elle aurait pu aussi lui apprendre des détails sur l'organisation des Allemands…

— Moi je pense surtout qu'il lui a sauvé la peau, à sa môme ! Tu sais comment on a traité les "poules à Boches", à la Libération… Elle ne serait pas passée au travers des mailles, avec une relation affichée au grand jour ! J'en ai aussi appris davantage sur les relations du père Vergne, Corentin, avec les Allemands, sur sa manière de dénoncer des maquisards, mine de rien, pour rester dans les bonnes grâces de la Kommandantur. Mais je ne sais pas s'il est nécessaire de soulever ce passé nauséabond, il ne concerne pas directement notre affaire, en plus, il m'écœure. Du moins, je ne le pense pas que cela t'intéresse directement…

— J'avais espéré un lien logique entre cette jeune fille forcée de quitter son domicile et Jeanne Girard, l'épouse du romancier. Cela m'aurait arrangé car, en fait, c'est la dernière piste qu'il me reste !

— Tu sais, tout espoir n'est pas perdu ! Depuis la Révolution, une femme possède le droit à l'abandon secret de son enfant, un texte modifié par la suite, au début des années 1900, en abandon ouvert. Le gouvernement de Vichy, conscient des problèmes de cohabitation entre des femmes privées de mari et des soldats d'occupation éloignés de leur épouse, décréta la prise en charge gratuite d'une femme enceinte, un mois avant sa grossesse, de son accouchement anonyme et des quelques semaines de convalescence suivante. Juillet est le type de nom de famille donné à un bébé né en cette période, durant ce mois-là, justement. Comme d'autres personnes se nomment Avril ou Novembre…

— Alors, le maréchal Juin était…

— Imbécile ! Enfin, lorsque tu exprimes ton sens de l'humour et de la répartie, c'est que tu retrouves le moral et l'espoir…

— Tu sembles bien documentée sur la question, n'empêche !

— Je te connais comme si nous vivions ensemble, sais-tu…

— Je ne parlais pas de ma modeste personne, j'évoquais l'abandon secret de son enfant, pour une jeune mère…

— Touché ! Mais je ne regrette pas d'avoir gardé Priscilla près de moi et de l'avoir élevée toute seule. Elle est ma raison de vivre et le soleil de mes journées… J'ai beaucoup hésité, je te l'avoue ! Je ne voulais pas avorter et je me sentais trop démunie, à vingt-trois ans, pour lui offrir une enfance heureuse. Il s'en est fallu d'un rien, je me revois encore devant la porte de l'hôpital… J'ai fait le bon choix, même si j'en ai bavé par moments !

— Si ton aide me permet de résoudre cette énigme avant la fin de la semaine, je vous invite toutes les deux, Priscilla et toi, à dîner au restaurant, samedi soir !

— Alors je vais prier doublement pour que tu réussisses !

Sans perdre un instant, je me dirigeai vers Rose-Marie, penchée sur son ordinateur, comme à l'accoutumée.

Je me demandais comment elle pouvait toujours trouver à s'occuper avec l'informatique, alors que nous ne la sollicitions pas en permanence. Quand je la questionnais à ce sujet, elle me répondait qu'elle se perfectionnait sans cesse, qu'elle se créait des bases de données qui pouvaient nous aider au cours d'une enquête, qu'elle dialoguait avec des collègues de différents pays sur des astuces pour améliorer notre efficacité ; en me promettant, main droite en l'air, que toutes les démarches effectuées avec "la bécane" du bureau étaient légales. Les autres, celles dont je ne voulais pas entendre parler, elle les menait depuis sa propre installation, dans sa chambre du Colibri. Et si, par malheur, elle se faisait repérer, elle jurerait, même sous la torture, qu'elle travaillait pour son propre compte et non sur l'ordre du chef de l'équipe. Je lui plaçai sous le nez les renseignements dont je disposais sur Marie Kervellec et je lui ressortis le dossier sur Jeanne Girard.

— Je veux tout connaître du parcours de Marie Kervellec, depuis son départ de Tréméoc, en février 1944 ! Tu me fais un compte rendu jour par jour de son cheminement, de ses relations, je veux savoir ce qu'elle est devenue par la suite ! Ensuite, tu te débrouilles comme tu veux, mais tu me prouves qu'elle est la mère de cette femme !

— On dit souvent que la plus belle femme au monde ne peut donner que ce qu'elle a, alors moi ! ricana RMC en me montrant la quasi-intégralité de ses dents blanches.

— Toi, tu es hors catégorie, ma grande ! Si tu peux prouver cette relation familiale, tu me sauves la vie ! Et surtout la peau de notre commissaire…

— Votre longue expérience ne vous a pas encore appris quelques évidences comme celle-ci : il ne suffit d'espérer qu'une intuition soit exacte pour qu'elle se vérifie forcément ? Je vais faire tout mon possible, Paul ! C'est bien parce que vous êtes le père de ma meilleure amie…

Justement, en retrouvant ma fille, je lui résumai la situation, convaincu que son esprit au fonctionnement accéléré allait me donner une nouvelle impulsion, au moment où je ne voyais plus quoi faire pour occuper mon temps en attendant le résultat des recherches. Elle me répliqua que nous n'avions qu'un programme possible, retourner voir Micheline Jacq, lui demander si son élève partie du jour au lendemain se nommait bien Marie Kervellec et l'implorer de fouiller dans sa mémoire pour nous donner des renseignements complémentaires. Tout en parlant, elle avait sorti un papier de sa poche, composé un numéro au téléphone, joint sa correspondante, gagné une permission de visite en assurant à la retraitée, de cette voix mielleuse qui n'appartenait qu'à mon hypocrite de fille quand elle venait d'obtenir satisfaction, qu'elle était la plus adorable des mamies. Puis elle se tourna vers moi pour me dire que Micheline allait faire le maximum pour nous aider. Je la regardai, ahuri.

— Tu as raison, c'est la seule solution ! Je suis d'accord avec ton plan, mais ce n'est pas gagné d'avance ; à cet âge-là, on n'aime guère se voir bousculé dans ses habitudes… Il faudrait un miracle, un trait de génie de ta part…

— On perd du temps ! rétorqua-t-elle en secouant les clés de voiture devant mes yeux, pour tenter de me réveiller. Ce n'est pas moi qui ai fait la promesse débile de boucler l'affaire avant la fin de la semaine, pour lécher les bottes de notre nouvelle patronne. Par contre, en ce moment, c'est moi qui fais avancer le schmilblick, j'en ai bien l'impression…

Avec Sarah, j'avais toujours l'impression d'avoir un métro de retard ! Certes, il arrivait parfois que le sien ne la mène pas à destination, mais je devais reconnaître que son énergie me stimulait, que le défi qu'elle me lançait en permanence, me forçait à me surpasser, à livrer le meilleur de moi-même, lorsque mon tempérament et le privilège de mon acquis m'inclinaient à adopter un rythme de croisière. En fait, j'avais rajeuni à son contact pour ne pas passer en permanence pour un vieux croûton. Nous formions un couple complémentaire, le plus souvent aussi efficace que détonnant. Partenaires pour le travail, père et fille pour l'état-civil, duo de comiques aux yeux de Dominique, ménage d'amoureux fous pour les badauds qui s'arrêtaient pour nous observer, quand nous refaisions le monde tout en déambulant sur la corniche de Bénodet...

Nous étions arrêtés à un feu rouge, au pied du Frugy. Je l'observai avec tendresse. Elle avait bougé le rétroviseur pour recoiffer une ou deux de ses mèches bouclées au blond vénitien. Elle se lamenta de n'avoir pas eu le temps de se laver les cheveux, elle ne les tenait plus. Elle me demanda si je la préférais avec les cheveux bouclés, comme à présent, ou plus raides, comme avant. Je ne sus que répondre. Elle en déduisit que je la préférais avec les cheveux plus courts. Je lui objectai que ce n'était pas à moi qu'elle avait à plaire, mais au prince charmant qui venait bercer son sommeil... Elle me répliqua qu'elle avait cessé de croire à celui-là, à peu près en même temps qu'au père Noël.

J'aurais aimé lui demander si elle rencontrait néanmoins un garçon, quand elle sortait en boîte avec RMC, seulement je n'osais pas. Je connaissais sa réponse : cela relevait de sa vie privée, de son jardin secret, de son intimité, je n'y avais pas accès. Alors je ravalais mon interrogation, trop satisfait de la sentir si épanouie à mes côtés. On pouvait apprendre une foule de métiers sur le tard, pas celui de parent ! Un père, avec sa fille, cela a toujours tort : trop de questions, je la fliquais, pas assez, je me fichais bien de sa vie… Et le juste milieu n'existait pas, ou il représentait un fil si ténu que je n'étais pas encore parvenu à m'y tenir en équilibre, bien piètre funambule au niveau des sentiments. Pourtant, je savais par mes proches, Dominique surtout, à quel point elle m'aimait, elle était fière de moi, malgré mes nombreux travers. D'ailleurs, c'était amusant car, après avoir souhaité porter mon nom, Sarah avait préféré garder celui de sa mère, pour s'épanouir par elle-même. Pourtant, souvent, elle ne pouvait s'empêcher de préciser qu'elle était ma fille… Paradoxe de sa génération !

Elle me demanda à quoi je pensais pour afficher une mine si soucieuse. Je ne pouvais lui répondre. Enfin, pas sincèrement. Alors, comme souvent quand elle me prenait à défaut, je passais à l'étage supérieur :

— Je songe à toi, ma grande ! Je ne voulais pas te le dire pour ne pas te troubler, mais l'autre jour, en discutant avec un gars de la BRC avec qui je m'opposais à propos de Radia, il m'a juré que, si un jour, en boîte de nuit, des petits loulous s'en prenaient à toi et Rose-Marie, ses collègues et lui-même ne lèveraient pas le petit doigt pour te venir en aide ! Ils vous laisseraient vous faire agresser pour me punir d'avoir pris la défense de Radia et non celle de la patrouille…

— Je vois de qui tu parles ! Il est surtout vexé du fait qu'un soir, je l'aie planté en boîte, quand j'ai appris qu'il était flic. Je ne veux pas d'embrouilles avec un collègue… Depuis, Rosie et moi, nous préférons fréquenter des endroits plus feutrés, style boîte de jazz, café-concert. C'est plus calme et agréable... C'est gentil de ta part de te préoccuper de ma sécurité...

Paradoxe de la jeunesse, contradictions de la nature humaine, apprentissage de la vie entre générations, je me perdais en conjectures... Je venais pourtant de remporter une bataille mal engagée, Sarah avait recouvré un visage éclairé et cessé ses ronchonnements. Je me pris même à imaginer que mes inquiétudes à son propos l'avaient touchée, seulement elle possédait un tempérament trop ombrageux pour le reconnaître. La moitié de son sang provenait du mien, tout de même, et sa mère possédait du caractère, elle aussi...

Du coup, on arriva à Fouesnant sans même avoir remarqué que nous avions traversé Pleuven. L'hôtesse du foyer-résidence nous accueillit avec un large sourire et nous indiqua la chambre de Micheline. En fait, elle disposait de deux pièces reliées par une porte toujours ouverte ; l'une où elle dormait, la seconde qu'elle avait aménagée en bureau, avec des meubles familiers, ses livres, l'univers du temps de ses activités. Sarah lui sauta au cou, avant de sortir de derrière son dos un bouquet de trois roses blanches qu'elle avait achetées avant de quitter Quimper. Je lorgnai déjà en direction de documents disséminés sur une table basse, près d'un fauteuil confortable dans lequel elle devait s'installer pour lire. Micheline le remarqua et me traita d'impatient, nous proposa un café ou un jus de fruit ; on opta pour la seconde suggestion. Ma fille lui demanda de la commander, elle allait jouer la maîtresse de maison. Pour que Sarah réclame qu'on la commande...

— J'ai appris que la petite amie de Fischer se nommait Marie Kervellec, annonçai-je, impatient d'en savoir davantage. Elle aurait quitté la maison familiale au début de l'année 1944, chassée par son père...

— Si vous savez déjà tout, Capitaine, pourquoi perdre votre temps à venir quêter une confirmation de ma part ?

— J'aimerais que vous me parliez d'elle, de son tempérament, de détails de comportement qui l'auraient caractérisée, de confidences qu'elle vous aurait faites et que vous auriez consignées dans vos carnets... Je possède, par intuition, la conviction que cette personne n'est pas étrangère à la mort de Fischer, que les amours passées ont un lien avec ce crime...

— Mes souvenirs sont très vagues, je l'ai côtoyée si peu de temps et tellement d'années ont passé depuis... Je peux seulement dire que c'était une fille douce et romantique, qu'elle craignait son père, un homme autoritaire, que Fischer représentait pour elle un havre de tendresse et de joie dans un univers bien austère et terrifiant. Je me souviens notamment d'une anecdote : sur le chemin qui la menait à la ferme familiale, elle rencontrait ce soldat qui lui offrait une pomme. La première fois, son père lui avait interdit de la manger, jurant qu'elle devait être empoisonnée. La seconde, elle l'avait jetée de son propre chef. Puis elle m'avait questionnée à ce propos et j'avais tenté de lui expliquer que sous l'habit d'un militaire étranger, on pouvait trouver un être humain, avec des sentiments parfois nobles et purs. Elle m'avait apporté la pomme suivante et nous l'avions partagée... Cela n'a rien à voir avec votre enquête, bien sûr...

— Cela me permet de cerner la personnalité de cette jeune fille.

— Je peux aussi dire qu'une fille rejetée de la sorte par sa famille, surtout dans une époque aussi tourmentée, s'est certainement refermée sur elle-même, par la suite. Elle ne possédait pas le caractère bien trempé de son père. Je lui souhaite d'avoir rencontré un garçon tolérant et généreux, qui l'aura comprise et libérée du poids de sa culpabilité. Je crains malheureusement qu'une fille fragile et naïve comme elle soit tombée entre les mains d'un proxénète qui l'aura utilisée à son profit. Elle avait accepté et subi le joug paternel, comment ne pas imaginer qu'elle se soit soumise plus tard à l'autorité d'une seconde forte personnalité ? Je n'ai plus jamais eu de nouvelles d'elle...

— À tout hasard, mais cela vous aurait marqué et vous me l'auriez dit, ne vous a-t-elle pas confié qu'elle se trouvait enceinte, ce qui aurait décuplé la colère paternelle ?

— Non, elle ne m'a rien dit de cela. La dernière fois que je l'ai rencontrée, elle filait le parfait amour et vivait sur son petit nuage, bien éloignée des préoccupations du moment... J'ai ressorti quelques documents de l'époque, pour vous permettre de mieux comprendre la situation en pays bigouden. Des coupures de journaux à propos d'actes de sabotage des maquisards, de rafles de la Gestapo, de mises en garde de la Kommandantur. Le résumé d'une époque troublée durant laquelle chacun s'appliquait à masquer ses véritables opinions, par crainte de dénonciation ou de représailles...

Sarah arriva avec un plateau, trois verres et une bouteille de jus d'orange. Micheline débarrassa la table basse des divers documents qu'elle rassembla pour les poser sur un guéridon voisin. Je saisis le dossier que j'avais apporté, avec les derniers éléments, seulement, il glissa de ma main et s'éparpilla à mes pieds, sur le tapis persan. Ma fille me traita de maladroit avant de se pencher pour m'aider à ramasser les feuillets. Micheline souleva une photo qu'elle regarda attentivement, les lèvres tremblantes.

— Mon Dieu, cette femme, ce pourrait être elle, elle ressemble tellement à Marie ! Non, ce n'est pas possible, elle avait seulement six ans de moins que moi, elle serait plus âgée ! Sa fille, peut-être ? Cette femme doit avoir un peu plus de soixante ans, cela pourrait correspondre. Cette chevelure rousse, ce regard nostalgique, cet air presque absent, ailleurs, cela ressemble tellement à la petite Marie que j'ai connue, quand elle se posait des questions, quand elle prenait conscience de la complexité de sa situation et du monde dans lequel elle évoluait ! Comme la ressemblance est troublante !

— Cette personne se nomme Jeanne Girard. Il s'agit de l'épouse de l'auteur du livre dont est tiré le téléfilm. Je vous ai apporté le scénario, pour que vous me disiez si l'héroïne pourrait correspondre à Marie Kervellec, à quelques détails près, bien sûr. J'aurais dû vous l'apporter plus tôt, pour que vous en preniez connaissance…

— Je l'ai lu, ce roman, vous pensez bien, il évoquait une page forte de mon existence, je ne pouvais passer à côté… Effectivement, à présent que je connais l'histoire de Fischer, le principal personnage féminin possède une trajectoire semblable à celle de Marie. Mais combien de jeunes filles ou de femmes plus mûres ont vécu un destin aussi douloureux… Il y a eu des traîtresses qui ont vendu des proches, des Juifs, des Résistants, par volonté de soutenir les nazis, celles-là méritaient leur châtiment. Cependant, pour une véritable coupable, combien d'innocentes victimes dont l'existence fut injustement brisée, pour une attitude naïve ou maladroite, une nécessité de travailler pour survivre, ou encore pour une passion…

— Je me demande comment j'aurais agi, si j'avais vécu à cette époque… soupira Sarah. La guerre est une telle folie…

— Si je vous disais que je connais, parmi mes élèves, une jeune fille de dix-huit ans qui a été tondue pour avoir couché avec un soldat allemand. Elle a été jetée en pâture à la vindicte d'un village, complètement perdue car elle ne comprenait pas la faute qu'on lui reprochait… Elle s'est mariée quelques années plus tard avec un jeune garçon du coin, celui-là même qui avait manié les ciseaux et la tondeuse ! Elle l'ignorait, tout s'était tellement bousculé dans sa tête, ce jour-là, quand les FFI étaient venus l'arrêter chez elle au petit matin. Par contre, le reste de la commune le savait et le sait toujours, puisqu'elle est encore vivante ; néanmoins, jamais personne ne lui en a parlé. Celui qui aurait pu le faire, c'était son mari ; hélas, il est mort sans confesser à son épouse son abominable secret ! Et elle mourra à son tour dans l'ignorance du fait que son bourreau et son sauveur, en quelque sorte, furent la même personne. Voilà bien un raccourci de l'absurdité des guerres…

L'ancienne institutrice parlait avec passion, colère parfois, d'un passé qui la brûlait toujours. On avait ravivé des braises qui ne s'éteindraient jamais en elle. La guerre avait constitué une bûche de son feu, une page de son existence, car les périodes les plus laides recèlent aussi leurs instants heureux. Elle avait certainement besoin de se raconter, sans jamais le pouvoir vraiment. J'étais pressé d'agir avec les éléments qu'elle nous avait fournis, seulement il aurait été indécent de partir aussi promptement. Elle nous avoua qu'elle avait pensé évoquer sa carrière dans un livre, d'ailleurs, elle avait entamé son écriture, avant de comprendre que trop de personnes se reconnaîtraient dans ses anecdotes, souvent cocasses, parfois cruelles, tragiques même. Elle était belle pour son âge, avec ses yeux fascinants, ses traits fins, malgré les rides, son élégance intacte, comme sa mémoire, riche et vive. Tellement attachante !

Un moment, Sarah se leva pour saisir une photo où deux jeunes gens s'amusaient près d'un manège de fête foraine, le visage éclatant de bonheur. Elle demanda à la retraitée s'il s'agissait de son petit ami, qui était mort pendant la guerre. Le visage de Micheline se ferma, ses yeux s'embuèrent, ses lèvres tremblèrent à nouveau.

J'en voulus à ma fille pour sa curiosité mal placée, pourtant, elle avait eu raison, une fois de plus, même si la résurgence de cette page douloureuse de son passé bouleversa Micheline.

— Nous étions voisins, dans le quartier de Ploaré, à Douarnenez. Robert avait un an de moins que moi, il étudiait au Likès, à Quimper et voulait devenir pilote d'avions. Il se trouva enrôlé dans une unité de combat qui œuvra dans le nord et l'est de la France. Je recevais de ses nouvelles, je lui écrivais presque tous les jours. Ses dernières lettres me sont parvenues de Sedan, au mois de mai 1940. Je me faisais du souci, je cherchais à joindre ses parents, sans résultat. Le maire de Tréméoc tenta de me rassurer. Il m'expliqua qu'il ne pouvait pas écrire, que le courrier s'acheminait très mal, surtout jusqu'au fin fond de la Bretagne ; au pire, il était prisonnier comme tellement d'autres soldats français ; s'il était mort, je l'aurais su, “pas de nouvelle, bonne nouvelle”, comme on disait à l'époque… Près de deux ans plus tard, j'ai appris qu'il avait succombé à une percée allemande dans le petit village de Remilly-Aillicourt, près de Sedan.

— Et vous êtes restée fidèle à sa mémoire ! soupira Sarah, fascinée, en contemplant la photo. Comme c'est touchant et noble de votre part ! Vous étiez si belle, si lumineuse…

— Avec mes activités d'enseignante et de secrétaire de mairie, je n'avais pas une minute à moi ! Et puis il y avait tellement à faire pour venir en aide aux gens, les aider à remplir leurs papiers, à défendre leurs droits… Je ne me plains pas, j'ai vécu un grand amour, trop court hélas, qui me réchauffe encore le cœur, quand je le fais défiler à nouveau dans ma mémoire. J'aimerais croire en Dieu pour espérer le retrouver là-haut…

— Il est vivant dans votre cœur et encore un peu plus en cet instant, puisque nous parlons de lui ! certifia Sarah en venant se pendre au cou de la retraitée.

— Tu es vraiment une fille adorable, ma grande !

J'ignorais où Sarah allait puiser sa capacité d'amour. Elle fit parler un peu plus Micheline qui évoqua d'autres anecdotes de l'époque, comme cette nuit où, avec l'une de ses élèves, elle était allée cacher une machine à coudre au milieu d'un champ de céréales, car l'armée allemande effectuait une réquisition générale sur la commune. Et la mère de la jeune fille en avait bien besoin pour confectionner des habits de fortune pour la famille… Seulement, comme l'opération s'était déroulée de nuit, quand il s'était agi de se souvenir dans quelle parcelle cela s'était passé, ce fut un moment de panique, puis une fois la machine revenue dans la maison, le prétexte à de grands éclats de rire. À l'époque, on savait se satisfaire de petits faits anodins pour glaner quelque instant de bonheur…

On finit par prendre congé de l'ancienne enseignante et Sarah promit de revenir embêter sa nouvelle amie. Micheline répliqua qu'elle ne la dérangerait jamais, elle était un peu sa fille, puisqu'elle était de la famille de l'une de ses élèves… Et puis elle possédait un regard si franc, si sain… Sarah l'étreignit contre elle et lui griffonna son numéro de portable sur un bout de papier, près du téléphone. Elle fit promettre à Micheline de l'appeler, si elle avait un souci, un besoin de parler, un déplacement qui nécessitait un véhicule avec chauffeur…

Une fois de plus, sur la route de retour, ce fut silence total et méditation profonde. Certains faits ne nécessitaient aucun commentaire, ils parlaient d'eux-mêmes. Des moments hors du temps qui nous emportaient vers des espaces infinis empreints d'éternité… Je m'apprêtais à entamer le périlleux retour à la vie présente lorsque Sarah me devança :

— En écoutant Micheline, je me disais qu'à ta manière, tu avais vécu une histoire similaire avec Maman ; un jour, tu n'as plus reçu de nouvelles d'elle, pourtant, tu lui es resté fidèle. Et nous voilà tous deux réunis…

— Je te rappelle cependant qu'au départ, tu étais venue à Quimper pour m'étrangler !

— Je te fais un compliment et tu me réponds par une vacherie…

— Je plaisante, tu sais que je déteste les éloges, cela me met mal à l'aise, d'autant plus quand ils sont immérités… Non, je pense seulement que si Jeanne Girard est la fille de Marie Kervellec et de Fischer, elle a pu vouloir l'étrangler, elle aussi. Lui faire payer le fait qu'il n'ait jamais cherché à retrouver sa mère… Pour le reste, je n'ai pas spécialement voulu rester fidèle à Beata, seulement nous avions placé si haut la barre de la passion qu'aucune autre idylle n'a pu rivaliser avec celle-là. Comme l'amour fulgurant de Micheline et Robert… Cependant, je bénis le ciel du cadeau d'une fille comme toi !

— Tu es sincère ?

— À ton avis ?

— Avec toi, je ne sais jamais sur quel pied danser.

— Dans ce cas, je précise : Sarah, merci d'exister et de me supporter à tes côtés…

J'avais pris ma décision sur la suite du programme et Sarah approuva l'emploi du temps que j'avais imaginé. Comme nous avions déjà passablement entamé l'après-midi, nous allions fournir dans un premier temps les éléments nouveaux à Rose-Marie pour les intégrer à sa recherche. Ensuite, nous monterions en direction d'Ergué-Armel pour rencontrer Jeanne Girard à son hôtel, puisqu'il paraissait évident que, même si on ne l'y avait jamais croisée, Madame avait suivi Monsieur, comme à l'habitude. Quand on quitta le commissariat, il était presque dix-sept heures et, avec un peu de chance, l'équipe de tournage ne serait pas encore rentrée de Tréguennec, ce qui nous laissait l'opportunité d'un dialogue direct avec notre principale suspecte. Si elle était absente, nous l'attendrions patiemment dans le salon de télévision de l'hôtel, car nous étions décidés à ne pas lâcher notre piste la plus solide.

J'aurais donné cher pour ne pas me tromper dans ma déduction, même si je savais pertinemment que le hasard favorable de la relation mère-fille entre Marie Kervellec et Jeanne Girard restait bien aléatoire. J'avais l'impression de jouer l'avenir professionnel de Radia Belloumi à pile ou face, seulement je ne possédais plus d'autre alternative. On arriva à l'hôtel, l'équipe n'était pas encore rentrée de Tréguennec, comme je l'espérais. Je m'apprêtais à attendre dans le salon lorsque Sarah apostropha le gérant pour lui demander si Jeanne Girard se trouvait bien dans sa chambre. À ma grande surprise, son interlocuteur lui apprit qu'elle était rentrée une demi-heure plus tôt et se reposait. Elle insista pour connaître le numéro, il hésita, elle fit ses yeux noirs, il craqua et annonça le 18, au premier étage. Elle lui conseilla de ne pas appeler la chambre, Jeanne allait adorer la surprise.

Ma fille grimpa les marches trois à trois, car même si elle n'avait pas une passion folle pour les activités sportives, elle se maintenait toujours en parfaite condition physique ; je suivis comme je pouvais en espérant que mes genoux malades ne craqueraient pas sous l'effort. Sarah frappa en criant « Room-service ! » La porte s'ouvrit sur le visage médusé d'une sexagénaire que nous venions de réveiller en sursaut, à en croire sa chevelure aussi hirsute que rousse ; sans oublier une tenue aussi froissée que la peau de son visage et sans doute également sa susceptibilité mise à mal par notre irruption intempestive.

Sarah présenta sa carte de police et expliqua à son interlocutrice que nous avions quelques questions à lui poser sur ses relations avec Hans Fischer. Elle ne comprit pas de qui ma fille parlait. Je modifiai la question : ses relations avec Jean Pêcheur. Elle feignit de tomber des nues, seulement tout en elle trahissait la panique. Ses yeux qui papillonnaient d'effroi, la main droite qu'elle porta sur sa poitrine, comme pour interdire à son cœur de battre la chamade, les traits de son visage qui se creusèrent, sa voix qui se perdait dans les aigus… Je lui demandai de prendre un manteau et son sac à main en lui promettant qu'elle serait rentrée avant le dîner. Elle voulut contacter son mari, je lui promis qu'on allait expliquer à l'employé de l'hôtel la raison de son absence. Le réceptionniste laisserait un petit message à l'intention de son époux pour lui éviter de s'inquiéter inutilement.

De fait, alors que nous descendions l'escalier, Julien Girard arrivait, avec le reste de l'équipe, visage hilare sous son bouc grisonnant. Il changea de tête en découvrant son épouse entourée par deux policiers et réclama des explications, que je lui fournis calmement, lui assurant qu'il s'agissait juste d'un interrogatoire de routine, aucunement d'une interpellation. Il tint à accompagner son épouse, je ne pouvais l'en empêcher. Tous deux montèrent donc dans notre véhicule pour rallier le commissariat, en protestant néanmoins contre nos méthodes de voyous. Je renouvelai ma promesse : ils seraient rentrés pour le dîner, si tout se passait sans accroc. Nous devions seulement les entendre dans notre bureau pour prendre officiellement leur déposition.

Installés dans la salle d'interrogatoire, Julien et Jeanne Girard ne semblaient pas comprendre ce qui leur arrivait. Ils se regardaient ; elle lui demanda de se calmer, il ne pouvait s'agir que d'un malentendu. Je me présentai face à eux, nanti des quelques maigres documents en ma possession. Je commençai par leur demander où ils se trouvaient, l'un et l'autre, dans l'après-midi du dimanche précédent. Julien ricana à nouveau avant de rappeler à ma mémoire visiblement défaillante qu'il préparait un téléfilm et se trouvait donc sur le site du tournage, à Tréguennec. Ils étaient rentrés après dix-neuf heures et s'étaient inquiétés de ne pas avoir vu Jean Pêcheur les rejoindre ; voilà pourquoi ils avaient alerté les services de la préfecture,

Baudouin Schuller possédant ses entrées auprès des instances officielles. Il ne pouvait donc pas être le meurtrier de ce brave Alsacien puisqu'il ne se trouvait pas à Quimper…

— Et vous, madame Girard ? poursuivis-je en tournant mon regard d'un visage à un autre.

— Quoi, moi ?

— Où étiez-vous dimanche après-midi ?

— À l'hôtel, dans ma chambre ! J'étais fatiguée par le trajet, je me suis reposée… J'ai dormi même !

— Sans le moindre témoin, bien sûr. Dans un hôtel doté d'une porte de secours sur l'arrière, j'ai vérifié. Lorsque vous décidez de sortir, comme cet après-midi, vous faites appeler un taxi ?

— Non, j'ai loué une voiture, mais pourquoi ces questions, vous ne me soupçonnez tout de même pas d'avoir tué cet homme ?

— Votre état civil indique que vous êtes née en juillet 1944, de parents inconnus. Ce qui explique d'ailleurs votre nom de jeune fille, Jeanne Juillet. Cela n'a pas été trop difficile à vivre ?

— Je ne vois pas où vous voulez en venir, mais passer de foyer en famille d'accueil n'est pas le plus épanouissant des parcours pour un enfant. Cependant, je ne me plains pas, d'autres que moi ont certainement connu pire…

— N'avez-vous jamais cherché à retrouver votre mère ? Beaucoup d'enfants nés sous X effectuent cette démarche tout à fait logique et légitime…

— Non… Enfin si… mais aucun enfant n'a accès à ces informations sur ses origines… Alors je me suis résignée à vivre sans ce socle fondamental. Mais une fois de plus, pourquoi toutes ces questions ? Que me reprochez-vous, au juste ?

— En feuilletant l'histoire concoctée par votre époux, l'idée, sans doute saugrenue, a germé en moi qu'elle pouvait avoir un lien avec celle de votre mère, une Bretonne chassée de la maison familiale par son père pour avoir couché avec un Allemand…

— Vous avez mal lu le roman de Julien ; il évoque une jeune femme qui a été violée par des Allemands et qui, des années plus tard, alors qu'elle se balade sur la plage de Tréguennec, se trouve en face de l'un de ses violeurs. Et selon vous, cette femme serait ma mère ? Absurde ! Et comment Julien l'aurait-il su ? Alors qu'il suffit de feuilleter des livres de témoignages sur cette époque pour découvrir des dizaines d'histoires se rapprochant de celle qui a été écrite par mon mari. Et, je vous le répète, je n'ai jamais rencontré ma mère, j'ignore son histoire, son passé, son secret, si elle en possède un, et je n'ai pas tué Jean Pêcheur ! Je ne pense même pas en posséder seulement la force physique…

— C'est bon, à présent, vous nous laissez regagner notre hôtel où je fais part au préfet de vos méthodes de gangsters ! s'emporta l'époux qui avait perdu en une heure son humour de potache. Vous nous avez quasiment enlevés, avec votre collaboratrice, alors que nous sommes d'honnêtes citoyens.

— Mais je ne vous retiens pas davantage ! L'un de mes hommes va vous raccompagner, naturellement ! Je m'excuse pour ce désagrément, je poursuis seulement mon enquête, avec sincérité et honnêteté, au seul but de découvrir la vérité.

Tous deux se levèrent d'un même geste, enfilèrent leur manteau et se dirigèrent vers la porte de sortie.

Julien Girard marmonnait toujours, peu enclin à se satisfaire de mes excuses, son épouse l'apaisa en concédant que je faisais juste mon travail et qu'il fallait bien soulever les fausses pistes pour les éliminer.

Je les accompagnai vers le porche, je commandai à un bleu de les véhiculer jusqu'à leur hôtel du Petit-Guélen, puis je les saluai avec le sentiment que la dernière carte encore en ma possession s'envolait à son tour. Mais comme je n'étais pas du genre à baisser les bras sans tenter l'impossible, je me lançai dans un exercice de haute voltige :

— Il est très joli, votre médaillon, madame Girard ! Il me rappelle un autre que j'ai remarqué récemment sur la photo ancienne d'une jeune fille, Marie Kervellec. Une gamine de seize ans de la région qui était tombée amoureuse d'un militaire de l'armée allemande et a été contrainte, pour ce seul fait, de quitter la maison familiale et la Bretagne. Elle habitait Tréméoc et son amoureux se nommait Hans Fischer… Jamais il ne lui a redonné signe de vie, alors qu'il possédait certainement le moyen de la retrouver et de la consoler des tourments que leur amour avait causés à sa bien-aimée. Il le pouvait, il ne l'a pas fait !

Jeanne Girard me regarda longuement, comme pour me défier. Puis, sans même détourner les yeux, elle interpella son mari :

— Tu vois, Julien, avec un peu plus de recherche, tu aurais pu enrichir ton récit d'une dimension pathétique supplémentaire. Il n'est peut-être pas encore trop tard... Sinon, ce sera pour le prochain... Bonne soirée, Capitaine !

Elle se retourna pour monter dans la voiture de police stationnée devant le commissariat et resta le visage immobile jusqu'au bout.

Son mari fit le tour pour prendre place à ses côtés et m'adressa un regard de détresse mâtiné de perplexité avant de s'installer. Comme si une autre vérité que celle qu'il connaissait déjà venait de lui éclairer l'esprit.

Seulement, il était trop tard pour revenir en arrière. J'avais abattu mon jeu, rien n'en était sorti de concret, Dominique ne me suivrait jamais avec de simples suppositions non étayées.

De plus, puisque Julien Girard possédait un alibi, qui aurait pu aider Jeanne à faire disparaître le mauvais père, puisqu'elle n'en possédait pas elle-même la force ?

Même s'il était envisageable que les traces de talons aiguilles aux abords de la scène de crime proviennent de ses escarpins...

Je sentis une main sur mon épaule, celle de ma fille qui m'expliqua qu'on avait tout tenté et que certaines affaires ne trouvaient jamais de dénouement.

Surtout quand le mobile du meurtre remontait à plus de soixante ans, de plus en une période confuse à souhait.

Elle me proposa de rentrer à la maison. Elle me ferait couler un bon bain tiède avec un sachet d'algues relaxantes, puis un bon whisky glacé, bien tassé.

Pendant que je le dégusterais, elle me sortirait du congélateur ma pizza favorite, la méditerranéenne, avec merguez et chorizo, accompagnée d'une bouteille de rosé de Bandol qu'elle conservait dans la cave.

Ensuite, une fois Papy couché, nous regarderions tous deux un DVD de Bébel ou de Pierre Richard, ceux qui me détendaient le plus, quand j'avais le moral au ras des pâquerettes et les neurones en RTT.

Vraiment désireuse de me raccrocher à la notion de l'espoir, elle me rappela que Rose-Marie travaillait toujours sur son ordinateur, pour remonter la trace de Marie Kervellec.

Tout espoir n'était pas encore définitivement perdu, car jamais RMC ne nous avait déçus dans nos attentes...

Seulement, cette fois, elle devait partir de loin...

Je suivis ma fille jusqu'à sa voiture, mais, en passant à hauteur du bureau de Radia Belloumi, je ne pus m'empêcher de songer qu'elle attendait certainement des nouvelles positives de ma part avant de quitter le commissariat, celles-ci n'arriveraient pas encore ce soir… Je n'étais pas son homme, je n'étais pas au front, malgré tout, quand on espère un message qui va déterminer son avenir, quelle que soit l'époque, en toute circonstance, l'attente doit sembler interminable…

VII

Le vendredi matin, j'avais triste mine et le moral pire encore. Les attentions de Sarah n'y avaient rien fait, je m'en voulais d'avoir pris cette affaire à la légère, au point d'avoir hypothéqué l'avenir de notre jeune commissaire, comme un coq vaniteux qui avait voulu l'impressionner. Ma fille ne désarmait pas de parvenir à remettre mon moteur en marche. Elle multipliait les coups de manivelle, sans succès. Autant elle pouvait briser mes élans en deux mots, quand elle était mal lunée, autant elle pouvait me porter à bout de bras sur des kilomètres, si elle me sentait faillir. Elle avait appelé Rose-Marie pour connaître ses avancées, seulement l'Antillaise, elle aussi, se décourageait à force d'aboutir à des impasses, même si elle entrevoyait des pistes qu'elle ne parvenait pas à concrétiser.

On arriva au commissariat avec un peu de retard. Mario, le premier arrivé, nous apprit que Radia était venue aux nouvelles, avant de se résigner à son tour devant le statu quo. Cela ne la surprenait pas réellement : si l'équipe avait rapporté du positif, l'un des membres serait venu le lui annoncer aussitôt… Les temps changeaient et, dans son esprit, le dicton devenait : pas de nouvelle, mauvaise nouvelle ! Elle n'avait pas tort. Je laissai Sarah avec RMC et me décidai à me rendre dans le bureau de la patronne. Elle m'accueillit sans un sourire, le visage décomposé, les yeux cernés. Je m'excusai aussitôt de l'avoir placée dans une situation pareille.

— Commissaire, il serait injuste que vous payiez la note à ma place ! J'ai pris cette affaire à la légère, sans doute voulais-je aussi vous prouver mon efficacité ; naturellement, j'assumerai les conséquences de cet échec, même si cela risque de ne pas vous sauver pour autant. Je suis comme cet horloger qui a mis au point un énorme mécanisme complexe et à qui il manque un rouage pour tout activer. Et il a autour de lui des milliers de pièces disparates, parmi lesquelles la bonne. Seulement, dans le sablier de son atelier, le temps s'écoule, inexorablement !

— Faites-moi part de votre théorie, Paul, cela vous donnera peut-être une intuition sur la réponse… me lança-t-elle, désabusée, avant d'allumer une cigarette et d'ouvrir la fenêtre pour rejeter les bouffées nerveuses à l'extérieur.

— D'un côté, Marie Kervellec, quittant sa famille à seize ans, début 1944, punie par son père pour avoir couché avec un occupant, en l'occurrence Hans Fischer. D'un autre, Jeanne Girard, née sous X en juillet 1944, épouse de Julien Girard, auteur d'une histoire qui est quasiment un copié-collé de celle de

Marie Kervellec. L'une est certainement la fille de l'autre, seulement il m'est impossible de le prouver ! De plus, Julien Girard n'a pu aider son épouse à éliminer Hans Fischer, alias Jean Pêcheur, il possède un alibi inattaquable : il se trouvait à la même heure sur le site de Tréguennec, à une trentaine de kilomètres du lieu du crime.

— Jeanne Girard n'aurait pas un frère, par hasard, qui aurait pu venir lui filer un coup de main ?

— Pas que nous sachions, mais je vais demander à Rose-Marie de pousser les recherches dans ce sens.

— Puisque son mari n'est pas l'assassin, serait-il cependant le complice, capable de mandater un tueur à gages, venant épauler son épouse pour la basse besogne ?

— Sincèrement, je ne le crois pas, seulement j'ai perdu toute confiance en mon instinct depuis le début de la semaine. Lorsque j'ai raconté l'histoire de Marie Kervellec devant le couple, j'ai eu l'impression que le mari me regardait avec l'air ahuri de quelqu'un qui connaissait le récit, mais dans une autre version. Il tentait, lui aussi, d'intégrer ces nouvelles pièces dans le reste du puzzle. Enfin, c'est ce que j'ai pu percevoir, dans le brouillard qui m'entoure en cette période…

— On peut effectuer une perquisition dans la chambre de cette femme, récupérer ses chaussures à talons et les donner à analyser à la scientifique, dans l'espoir que les experts y trouvent un reste de terre qui correspondrait à celle du terrain vague… C'est jouable, non ?

— Pas en si peu de temps, Radia ! Et puis, l'argument de départ ne suffira pas à Dominique pour me délivrer une ordonnance. De plus, je suis convaincu que les Girard refuseront la perquisition. Non, je tourne en rond comme il n'est pas permis et je me sens honteux de vous avoir entraînée dans ma dégringolade…

— Paul, vous êtes un excellent flic, c'est moi qui vous ai pourri la vie et compliqué la tâche depuis mon arrivée ! rectifia Radia après avoir éteint son mégot et fermé la fenêtre. Justement, j'avais rendez-vous avec le préfet. Il veut effectuer un nouveau point sur cette affaire qui semble lui tenir particulièrement à cœur. À moins que ce ne soit mon avenir qui le passionne… J'aimerais que vous m'accompagniez. Je vais lui demander de placer un commissaire d'expérience à ma place, en intérim, dans l'attente de la nomination d'une personne plus compétente que moi. Voilà, à coup sûr, la parole qu'il attend de ma part : mon aveu d'impuissance. Vous avez tous fait le maximum pour m'élever à un niveau qui n'est pas le mien. Il faut arrêter les dégâts…

— Je refuse de vous voir baisser les bras, alors que vos compétences ne sont pas en cause. On va aller rendre visite au préfet, je vais lui expliquer la situation, comme je viens de le faire devant vous, avec sincérité et conviction. On a un suspect solide, il nous manque les preuves. Comme on refuse d'utiliser le bazooka, la manière douce réclame davantage de temps… Cela arrive souvent, un petit retard à l'allumage, sans qu'à chaque fois le commissaire démissionne ! Vous m'avez donné jusqu'à samedi soir pour résoudre cette énigme, Radia…

— Si vous ne baissez pas les bras, je tiendrai le coup.

La journée de vendredi se déroula pour moi comme un long et douloureux pensum. Rose-Marie s'escrimait sur son ordinateur, appelait à l'aide pour ouvrir certains accès, triturait ses données dans tous les sens, sans le moindre résultat, vociférait devant le mauvais œil qui s'acharnait sur elle. Même Sarah, d'ordinaire si calme lorsque tout le monde s'agitait autour d'elle, piquait des crises de nerfs en retournant dans tous les sens les données en notre possession. Mario et Carole épluchaient, eux aussi, tous les documents dont nous disposions, les extraits de presse déposés par Ronan Feunteun, les souvenirs de Micheline Jacq que Sarah avait méticuleusement recensés, les dossiers entourant la création du téléfilm, rien ne débouchait sur une piste nouvelle, sur une prise possible pour interroger à nouveau Jeanne Girard.

En milieu d'après-midi, Dominique vint nous rejoindre, convaincue qu'un œil neuf pouvait détecter l'élément déterminant.

Trois heures plus tard, elle devait, à son tour, convenir que nous ne possédions pas suffisamment d'éléments pour interpeller Jeanne Girard et réclamer une fouille de sa chambre et des analyses d'ADN comparatives avec le cadavre de Jean Pêcheur, au but de prouver qu'elle était bien sa fille. Et même si cela était prouvé, elle n'en serait pas pour autant sa meurtrière. Dominique ne comprenait pas comment Marie Kervellec avait pu se volatiliser au point que nulle trace d'elle n'émergeât depuis 1944. Si elle était morte, cela se saurait, à moins qu'elle ait changé de nom, elle aussi, mais même dans ce cas, il y aurait eu une trace dans les archives : une facture EDF, un procès-verbal, une inscription à une liste électorale, rien de tout cela ne menait à un lien tangible. Elle ne s'était tout de même pas engagée dans la légion étrangère, où tout candidat est contraint d'abandonner son identité pour en adopter une autre !

Ce fut aussi Dominique qui décida qu'il fallait abandonner l'ouvrage sur le métier pour ce soir, en espérant que la nuit serait bonne conseillère pour l'un ou l'autre d'entre nous. Sarah décida de faire un aller-retour à Bénodet pour récupérer son Papy qui allait passer le week-end chez sa fille Colette ; ensuite, elle reviendrait au Colibri poursuivre la besogne auprès de Rose-Marie qui envisageait de tester des logiciels différents sur son propre matériel. Quand Dominique l'interrogea sur ces éventuelles nouvelles méthodes d'investigation, l'Antillaise lui répliqua qu'il ne valait mieux pas qu'elle les connaisse... Mario restait de permanence et promit de tout reprendre à zéro et de m'appeler à n'importe quelle heure de la nuit, en cas de pêche miraculeuse. Carole se contenta de me tapoter l'épaule en signe d'amitié ; sa fille l'attendait. Elle lui avait laissé miroiter l'éventualité d'un repas en ma compagnie, en cas de succès de notre enquête ; la gamine allait être déçue… Dominique alla discuter quelques minutes avec Radia qui s'apprêtait à partir, elle aussi ; sans les entendre dialoguer, j'imaginai les bienfaits occasionnés par les mots de réconfort de la magistrate, étayés par des situations identiques tirées de sa propre expérience. D'ailleurs, quand Radia vint me saluer, elle avait aux lèvres une esquisse de sourire. Dominique attendit un moment avant de me proposer un programme, convaincue de ma réponse :

— J'ai deux places pour le spectacle de Marc Jolivet au théâtre, je vous invite, cela vous détendra ! Je sais que vous adorez son humour…

— Le procureur n'a pas pu se libérer pour vous accompagner, vous avez décidé de vous rabattre sur le second choix pour trouver un chevalier servant ?

— Vous voyez que vous appréciez son humour !

Il est vrai qu'au bout d'un quart d'heure de Comic Symphonic, j'avais oublié l'enquête pour pénétrer dans un univers poétique, satirique, émouvant, tellement juste. Tel est le talent des vrais artistes, vous extraire de votre quotidien pour vous transporter dans leur pays imaginaire, pour deux heures de magie qui régénèrent les neurones. Dominique vit à mon visage qu'elle avait remporté son pari : me dérider, me faire tomber le masque du perdant. Une fois le spectacle achevé, elle me demanda si cela m'avait plu, je lui confiai à l'oreille que, tellement ému de me trouver auprès d'elle, je n'avais rien écouté, entièrement accaparé par mon fantasme du moment. Elle me frappa les côtes et me reprocha de me moquer d'elle, surtout qu'elle n'avait pas eu le temps de s'apprêter, bousculée dans son timing par cette enquête si retorse.

Je lui proposai d'aller manger un bout dans un restaurant pour couche-tard. Elle regarda sa montre, haussa les épaules, puis elle accepta. De toute manière, elle ne dormirait pas ; elle ne dormait jamais quand une échéance importante s'annonçait… On se retrouva dans un restaurant espagnol du centre-ville, devant une assiette de calamars à la plancha absolument délicieux. Même le Navarre rosé passait très bien, cachant admirablement ses 13°5 derrière la fraîcheur d'un passage au réfrigérateur. On reparla du spectacle, du talent de Marc Jolivet, puis Dominique me regarda plus sérieusement.

— Vous n'allez pas rentrer à Bénodet, à cette heure, surtout que Colette a accueilli votre père chez elle pour le week-end. Et si Sarah dort au Colibri, vous aller vous ronger les sangs, tout seul dans votre tanière… Vous savez que ma porte vous est ouverte… et même plus, d'ailleurs !

— Chaque fois que vous avez proposé une telle conclusion à notre rencontre, vous aviez appelé au préalable une connaissance chargée de vous contacter par téléphone au moment opportun pour vous permettre de vous dérober…

— Oh, quel culot, quelle mauvaise foi ! Au contraire, c'est vous qui avez toujours une excuse à faire valoir. Si ce n'est pas Sarah qui se trouve coincée avec sa voiture, j'ai appris plus tard qu'il s'agissait juste d'une panne sèche, c'est Carole qui a impérativement besoin de vous au bureau ou encore votre ami journaliste qui veut vous rencontrer dans les plus brefs délais. Et je reste en carafe comme une pauvre cruche !

— En carafe comme une pauvre cruche, c'est presque du Marc Jolivet ! fis-je remarquer.

— Ne détournez pas la conversation, vous êtes déloyal, Paul ! Alors, vous payez l'addition, puisque vous avec la gentillesse de m'inviter et l'on rentre sans tarder à mon…

Mon portable sonna, qui coupa Dominique dans son élan. J'imaginai une bonne nouvelle, il n'en était rien. Mario m'apprenait que, selon le patron d'un bar du quartier de la gare, notre patronne se donnait en spectacle. Plutôt que de déplacer la patrouille, ce qui serait catastrophique pour la renommée du commissaire, il avait préféré me contacter pour que j'arrange le coup. Je lui répondis qu'il avait bien fait et que je m'en occupais au plus vite.

Puis, en me grattant l'oreille, j'expliquai la situation à Dominique qui, en secouant la tête, sourit autant de désillusion que d'ironie face à ce nouveau coup du destin.

Le Barracuda était un bar antillais que fréquentaient parfois Rose-Marie et Sarah. Une ambiance musicale créole, de redoutables punchs, un climat très cool et, bien sûr, un aquarium rempli de poissons tropicaux, autant de critères qui avaient fait la réputation du lieu. Comme la gentillesse du patron qui aimait beaucoup RMC ; mais qui n'aimerait pas une perle comme RMC…

Dominique se gara juste devant l'établissement et, avant de pousser la porte, on regarda à travers le rideau de la vitrine. On nota qu'il ne restait plus grand monde, quelques habitués aux deux tables du fond, un autre, appuyé au comptoir, qui discutait avec le patron. Il est vrai qu'il était près de minuit, l'heure des braves !

Quand le gars du zinc se déplaça pour rejoindre avec peine ses copains, on découvrit une Beurette installée sur un tabouret, jambes croisées qu'elle exhibait quasiment dans leur intégralité sous des bas résille, au point que Dominique se demanda si elle portait encore une jupe…

On entra, Radia nous reconnut, elle voulut se lever, manqua de déraper, se raccrocha in extremis au comptoir, puis nous apostropha en riant de façon sarcastique, d'une voix de femme bue :

— Messieurs, je vous présente mes anges gardiens ! Paul Capitaine, un flic exceptionnel, qui foire toutes ses enquêtes et le substutu… le substiti… bref, Dominique Vasseur, une magistrate, vieille fille qui me prend pour sa proginé… sa progénure…, bref sa fifille. Pourtant, on ne se ressemble pas, hein ?

— On va rentrer, maintenant, Radia, ce serait plus sage… suggérai-je à voix basse, devant les regards médusés des derniers Antillais présents.

— Comme tu veux, mon chéri ! On va chez toi ou chez moi ? Et elle, on en fait quoi ? Elle ne va pas mater, quand même ! Je la savais perverse, mais alors là…

— On va sortir à l'air frais, cela vous fera du bien !

— Tu sais que tu peux me tutoyer, mon chéri ! Salut la compagnie, vous ne savez pas ce que vous venez de manquer…

J'installai tant bien que mal le corps à moitié inconscient de notre commissaire à l'arrière du véhicule, Dominique démarra le moteur et fit demi-tour à toute vitesse, dans un crissement de pneus. À son visage fermé, je compris que les paroles de Radia l'avaient profondément meurtrie. Je la suppliai d'oublier ces propos ineptes de femme enivrée et lui demandai comment on allait pouvoir se débarrasser d'elle… La réponse fut implacable :

— À votre avis, on va la mener chez vous à Bénodet ? Non ! La reconduire à son hôtel ? Dans cet état, impossible. La mener au commissariat, en cellule de dégrisement ? Mieux vaut ne pas y penser. Demander au préfet s'il accepterait de la garder pour la soirée ? Cela causerait un séisme dans toute la ville. Alors maman Dominique va s'occuper de sa fifille qui a un gros coup de mou, puisqu'elle n'est bonne qu'à cela. Je suis pathétique, parfois. Toujours des plans foireux, avec des flics foireux, ce n'est pas de moi, votre patronne l'a découvert toute seule. Je me déteste, tiens, d'accepter de cautionner de tels moments lamentables ! Celle-là, vous ne me l'aviez pas encore inventée. La collègue ivre morte à évacuer d'un bar, entendez-la ronfler derrière ! Quel spectacle pitoyable ! La patronne de la police de Quimper ! Le raccourci de ma vie en une soirée…

On arriva devant l'immeuble de Dominique. Elle actionna le dispositif d'ouverture de la porte du parking souterrain et elle se gara à son emplacement habituel.

Je pris Radia dans mes bras, elle avait fermé le rideau pour quelques heures. Je la menai jusqu'à l'ascenseur, elle ronfla de plus belle. Je fus alors pris d'un fou rire irrépressible qui agaça un peu plus la magistrate. Je tentais de me contenir, cela redémarrait de plus belle. Et en plus, j'avais mal au ventre.

Dominique ouvrit la porte de son appartement, passa devant moi pour éclairer la chambre d'amis, se dépêcha d'ôter le dessus-de-lit, la poupée de porcelaine et me proposa de me débarrasser de mon baluchon. Alors que j'admirais en connaisseur les jolies cuisses de ma patronne, la magistrate recouvrit le corps d'une couverture de laine et m'en balança une seconde dans les bras.

— J'espère seulement qu'elle ne va pas tout rejeter sur ma literie, il est impossible d'enlever l'odeur de vomi.

D'entendre le constat de Dominique et de contempler son air abattu déclencha en moi un nouveau fou rire qui exaspéra la maîtresse des lieux. Elle éteignit la lumière, quitta la pièce et me commanda de faire de même, claqua la porte derrière elle, puis alluma l'éclairage de la salle de bains. Je me repris et m'avançai vers elle pour poser une main sur son épaule.

— Cette fois, pas d'échappatoire possible, lui susurrai-je à l'oreille, la chambre d'amis est occupée, il ne nous reste plus qu'une solution, votre lit ! De plus, la batterie de mon portable est nase, personne ne me dérangera…

— Car vous imaginez que j'ai la tête à penser à la bagatelle après une soirée aussi désastreuse, avec une pocharde dans la chambre d'à côté, qui va ronfler toute la nuit comme un sonneur ? Il vous reste le canapé ; allongé, la couverture sur le ventre, vous y serez très bien, vous verrez ! Vous pourrez fantasmer en toute quiétude sur les jolies cuisses de votre patronne, allez la rejoindre même, si cela vous chante !

— Là, je vous sens un tantinet en colère et carrément jalouse, Dominique !

Le canapé devait être très confortable pour que je dorme à poings fermés, au point de me demander où je me trouvais quand une sonnerie de téléphone retentit dans les alentours, sans que je parvienne à en localiser la source. Je manquai de me ficher en l'air en me retournant, par chance, une lumière s'alluma ; en me contorsionnant le cou, je pus voir passer la silhouette généreuse de Dominique, vêtue d'un pyjama mauve en soie brillante. Elle décrocha, grommela quelques borborygmes incompréhensibles, avant de m'interpeller pour me faire savoir que ma fille souhaitait me parler. Je regardai la pendulette de la commode et pensai avoir mal lu : six heures du matin. Je me dirigeai vers le combiné, un peu au radar.

— Tu ne réponds pas à ton portable, tu n'es pas à la maison, pas plus au commissariat, tu ne pouvais que te trouver chez Dominique. Je ne vous dérange pas, j'espère, au moment de la conclusion ? Note bien que je t'ai laissé toute la nuit pour exprimer tes aptitudes et…

— Bon, tu ne nous as pas réveillés pour savoir comment nous avons utilisé nos dernières heures, non ?

— Nous avons trouvé le fin mot, Papa ! Rosie a pu établir le lien entre Marie Kervellec et Jeanne Girard, mais ce ne fut pas simple. Nous y avons passé la nuit, nous aussi… Dis à Dominique de préparer le café, je saute dans ma voiture et j'arrive vers vous. Rosie nous rejoint dès qu'elle a fini de vérifier un second point qui, si mon intuition se révèle exacte, ce qui ne serait pas surprenant quand on connaît et admet mon intuition exceptionnelle, pourrait te permettre de boucler l'affaire dans les temps et de sauver la face auprès de notre patronne…

— Mais, Sarah, tu ne peux pas, Dominique est repartie se…

— J'arrive, je suis là dans cinq minutes !

Il me fallut un moment, après avoir raccroché le combiné, pour reprendre mes esprits et analyser la situation. Il en était toujours ainsi après un passage inattendu de la tornade Sarah : tout d'abord mesurer l'étendue des dégâts, ensuite prendre les décisions d'urgence qui s'imposaient. Je frappai à la porte de la chambre de Dominique, personne ne répondit. Je me hasardai à expliquer à travers la cloison la bonne nouvelle que venait de m'apprendre ma fille en repoussant l'instant où j'allais annoncer qu'elle n'allait pas tarder à débouler dans l'appartement. C'est la porte de la salle de bains, dans mon dos, qui s'ouvrit.

— Alors, qu'attendez-vous pour préparer le café, vous qui êtes déjà habillé, espèce d'empoté ? J'ai pour meilleurs amis les membres d'une famille de déjantés qui ont juré de me faire mourir d'une crise cardiaque, c'est tout moi, une guigne pareille !

Je me dirigeai vers la cuisine et fis de mon mieux. Par bonheur, la maîtresse de maison ne tarda pas trop. Elle avait, selon son expression, sauvé les apparences pour se donner visage humain malgré l'heure matutinale, enfilant sa robe de chambre pour venir me prêter main-forte en un espace de son intérieur qui m'était totalement inconnu. Elle se radoucit enfin, consciente de l'excès de ses propos, sans pour autant s'en excuser.

Je la regardai évoluer et je me dis que j'avais réellement de la chance de côtoyer une femme aussi exceptionnelle. Elle me suggéra de dresser la table en me guidant dans les lieux de rangement. À peine avais-je fini de placer les couverts que la sonnette retentit. Le temps d'aller ouvrir et la tornade investit la place. Elle se dirigea vers le coin cuisine pour aller embrasser Dominique en la félicitant pour sa robe de chambre, puis elle se dirigea vers la penderie pour y placer son blouson et son écharpe. C'est alors qu'elle vit une silhouette passer subrepticement de la chambre d'amis à la salle de bains ; elle mit un certain temps à l'identifier avec certitude, ou plutôt à concevoir qu'elle n'avait pas la berlue.

— J'ai raté un épisode ? m'interrogea-t-elle à voix basse. C'est bien Radia que je viens de voir passer dans le couloir, en petite tenue ! Ne me dis pas que… Chez Dominique ? Et vous, vous acceptez cela, je ne le crois pas !

— Alors, c'est quoi ton scoop ? coupai-je énergiquement en remplissant les mazagrans de café.

— Toi, tu n'es pas encore clair sur ce coup et tu ne paies rien pour attendre ! me renvoya Sarah dans les gencives. Bon, voilà l'histoire. Avec, tout d'abord, une erreur d'un jour et d'une lettre, dans la date de naissance et le nom de Marie Kervellec, entre l'état civil et sa carte d'identité. Officiellement, elle se nomme Marie Kerbellec, car tel est le nom sous lequel elle a été enregistrée. Et celui qui permet de retrouver sa trace dans les archives de l'administration pour suivre son parcours. Le nom sous lequel elle a certainement accouché sous X, mais de cela, pas de document officiel disponible. Par contre, elle épouse ensuite un bistrotier de la banlieue parisienne, plus précisément de Boulogne-Billancourt, qui se nomme Philippe Potier. Deux ans plus tard, le couple adopte une fille de l'assistance publique prénommée Jeanne Juillet ; en fait, on peut imaginer, sans trop de risque d'erreur, que Marie récupère sa fille…

— Cette fois, je sens que nous y sommes ! soupirai-je, soudain détendu et rasséréné.

— La famille coule une existence paisible dans le troquet familial fréquenté par les ouvriers de Renault, “Le Titi déluré”, je ne sais pas où ils ont trouvé un nom pareil… Jeanne Potier épouse Julien Girard, un prof d'histoire qui venait préparer ses cours dans le fameux bistrot. Ils auront deux enfants, une fille qui vit en Australie, un gars qui sera tué au cours d'une bagarre dans le milieu. Voilà trois ans, Marie Potier meurt, elle se suicide, alors que rien ne semblait justifier son geste. Philippe Potier reste seul, soutenu par sa fille Jeanne et son gendre, Julien. Voilà le résumé d'une existence gâchée par la guerre.

— On peut supposer que Jeanne Girard a voulu se venger de l'homme qui a trahi sa mère et pour l'amour duquel elle s'est peut-être suicidée… murmura Dominique en se pelotonnant dans sa robe de chambre.

— Nous devons absolument l'interroger ! arguai-je, prêt à passer à l'offensive. Même s'il reste beaucoup de zones d'ombre. C'est du bon boulot, ma fille !

Nouveau coup de sonnette. Cette fois, c'était Rose-Marie, sourire aux lèvres. Elle fit un tour de table pour délivrer des bises, accepta la tasse de café, se débarrassa de son manteau et de son écharpe avant de s'installer près de sa copine. Elle révéla aussitôt ce qu'elle venait de découvrir :

— Philippe Potier se trouvait dans le TGV qui menait Jean Pêcheur vers Quimper. Il ne peut s'agir d'un simple hasard ! Pour moi, il pistait depuis pas mal de temps le responsable du malheur de sa femme et de sa fille adoptive. Celle-ci attendait l'Alsacien à la gare, à l'insu de son mari, pour le mener vers une fin atroce, en compagnie de son père.

— Cela ne colle pas vraiment, objectai-je aussitôt, Pêcheur-Fischer l'aurait reconnue, elle ressemble tellement à sa mère ! Micheline Jacq n'a pas hésité un instant, en découvrant une photo du couple Girard : en observant Jeanne, il lui semblait voir Marie, sa mère. Pourtant, je pense que les empreintes de talons aiguilles, dans le terrain vague, étaient bien celles de Jeanne Girard. À ce stade, ce sont des détails qui ne remettent pas en cause notre action. RMC et Sarah, vous allez chercher à savoir si Philippe Potier avait une voiture réservée à son nom dans une agence de location de la gare. Ne serait-ce pas celle qu'utilise à présent Jeanne pour se déplacer à sa guise ? Ensuite, vous cherchez dans quel hôtel Potier a logé, s'il est reparti ou s'il est toujours dans la région, et vous me prévenez sur mon portable, dès que vous avez les renseignements.

— Paul, prenez le mien, la batterie du vôtre est déchargée ! offrit Dominique en me tendant son téléphone. Et soyez prudent, si ces gens sont les meurtriers, ils n'ont plus rien à perdre !

— Ainsi, je ne vous pourrirai plus la vie, puisque je semble sur terre à ce seul dessein…

— Ne dites pas de bêtises, Paul, j'ai horreur qu'on plaisante sur un tel sujet !

Les deux filles repartirent aussitôt, un peu plus motivées, si cela était nécessaire, par ma conviction que nous touchions au but. Je regardai ma montre, appelai Gilles Queffélec, mon chauffeur de taxi favori, pour qu'il passe me prendre au plus vite afin de me conduire à l'hôtel d'Ergué-Armel où séjournait l'équipe de tournage. Dominique s'inquiéta de me voir partir seul : ces gens avaient quand même tué un homme de sang-froid. Je la rassurai par quelques mots quand une voix intervint, à partir du couloir :

— Je viens avec vous !

Radia apparut, dans sa tenue de la veille, pull rouge moulant, jupe courte, bas résille et bottes noires, l'ensemble en partie caché par son long manteau bleu marine. Elle vit deux paires d'yeux l'observer, avant que je réagisse instinctivement :

— Vous, dans cette tenue ? Vous plaisantez, j'espère ! Dominique va vous conduire à votre domicile pour vous changer, cela vous laissera le temps de lui adresser des excuses pour vos paroles désobligeantes d'hier soir…

— Je suis votre supérieure, vous l'avez certainement oublié, Capitaine, je viens de vous donner un ordre !

— Collez-moi un rapport, si cela vous chante, je n'ai pas besoin d'une ivrogne dans les pattes ! J'y vais, Gilles doit m'attendre...

Arrivé à l'entrée de l'hôtel, mon ami chauffeur me demanda s'il devait m'attendre. Je lui affirmai que cela n'était pas nécessaire, des renforts allaient arriver dans l'heure qui suivait, ils me ramèneraient au commissariat. Il repartit, je me rapprochai de la réception pour demander si l'équipe de tournage se trouvait en salle pour le petit-déjeuner. La jeune femme prit un air désolé pour m'apprendre que, ce matin, ils étaient partis de bonne heure vers Tréguennec. Après une moue de dépit, je me renseignai sur Jeanne Girard, l'épouse du romancier. Elle me certifia qu'elle n'était pas encore descendue. Elle allait ajouter un détail, lorsque le téléphone sonna. Elle répondit, son visage s'éclaira :

— Oui, je vous fais monter votre petit-déjeuner, madame Girard ! J'ai devant moi un policier qui souhaiterait vous parler, je lui dis d'attendre que vous ayez fini de vous préparer ? ...Dans une demi-heure, je lui en fais part immédiatement.

Elle raccrocha et me proposa un café dans le salon, pour me faire patienter. J'acceptai, elle me le servit aussitôt en me glissant à l'oreille que c'était un cadeau de la maison. Je pense qu'elle m'aimait bien, elle me proposa également un croissant, mais je n'avais pas vraiment faim. Elle me tendit un exemplaire d'*Ouest-France* pour occuper mon attente. Je me plongeai aussitôt dans la découverte des pages sportives. Il se passa moins d'un quart d'heure avant que Jeanne Girard ne descende, superbement habillée. Un manteau d'un marron qui s'harmonisait parfaitement avec sa chevelure roux-brun, ouvert sur une robe à rayures gris anthracite et gris perle. Elle s'excusa de m'avoir fait patienter et me demanda si cela ne me dérangeait pas de l'accompagner dans sa voiture jusqu'au salon de coiffure où elle avait rendez-vous. Ainsi elle ne serait pas en retard et nous pourrions discuter tout en roulant. Je haussai les épaules, un peu déstabilisé par la proposition, réfléchis quelques secondes et me résolus à accepter, pour ne pas causer un esclandre à l'intérieur de l'hôtel.

Elle sortit, enfila ses lunettes de soleil, à cause de la lumière matinale, m'expliqua que sa voiture se trouvait garée sur le second parking, le premier étant complet la veille au soir, quand elle était rentrée d'une après-midi de shopping. Elle parlait avec assurance et calme, peu inquiète du fait que je désirais l'interroger. Ou il s'agissait d'une formidable comédienne ou elle ne se rendait pas réellement compte de la situation. On arriva dans une zone plus déserte sur laquelle ne stationnaient que deux véhicules. Le sien et un second sur la serrure duquel s'escrimait le propriétaire, visiblement emprunté. Je ne vis pas aussitôt le piège et, quand je voulus réagir, il était trop tard. L'homme se retourna, une arme au poing, me somma de monter à l'arrière du véhicule de Jeanne, ce que je fis sans chercher à jouer au plus malin, sachant Philippe Potier prêt à tout après un premier meurtre. En peu de temps, il me départit de mon arme de service, du téléphone portable que m'avait confié Dominique, de ma carte de police. Je leur certifiai qu'ils faisaient une grosse connerie, il ne m'écouta pas et commanda à sa fille de démarrer en vitesse.

— Monsieur Philippe Potier, dis-je en accompagnant mes paroles d'un sourire forcé, époux de Marie, jeune Bretonne recueillie dans le bar familial de Boulogne-Billancourt, Le Titi déluré, avec qui il sortit de l'assistance publique la fille de sa femme, née sous X, Jeanne, qu'il éleva comme sa propre fille, avant qu'elle ne s'envole du nid pour mener sa vie d'épouse auprès de Julien Girard. Julien Girard, un historien et romancier avec qui elle eut deux enfants, dont un fils mort tragiquement. Comme sa mère, qui s'est suicidée, voilà trois ans, pour des raisons restées obscures.

— Je vois que la maison poulaga n'est pas aussi manchote qu'on l'imaginait et qu'elle a fini par dégoter la piste de la môme Marie ! ironisa le Parisien à la gouaille bien typique en pointant toujours son arme vers ma tête. Hélas, tout cela c'est moutarde après dîner, de ce temps ! Fischer a casqué pour son pas de travers et personne ne saura jamais qui lui a fait manger son pain rouge…

— Mes collègues ne tarderont pas à retrouver votre trace ! assurai-je en faisant abstraction de mon sort. Mais pourquoi autant de haine envers Hans Fischer, qui a aimé Marie et qu'elle a aimé tout autant ?

— Cet enfant de fumier a violé ma mère, vociféra Jeanne, hors d'elle, il a eu le sort qu'il méritait ! Pas de pardon pour les nazis ! Nous l'avons retrouvé, nous lui avons fait payer ses turpitudes qui ont mené Maman au suicide, il n'a même pas eu le courage d'avouer sa faute avant d'avaler son bulletin de naissance. Alors ne me balancez pas à la figure qu'il l'a aimée, encore moins que ma mère l'a aimé, car c'est faux ! La police cautionne un mensonge, c'est intolérable...

Lorsque le véhicule tourna sur sa droite pour rallier le secteur de la friche industrielle au fond de laquelle avait été retrouvé le corps de Jean Pêcheur, je compris que ces deux fous avaient décidé de me réserver un sort identique. Je ne comprenais pas exactement le fonctionnement de leur raisonnement, je percevais seulement que la version livrée par Marie à sa fille divergeait totalement de celle qui m'avait été confiée par Micheline Jacq, puis par Vonnik Vergne, la sœur du patron d'entreprise bigouden.

Le véhicule s'arrêta au fond du terrain vague, à la limite entre la partie bitumée et la zone boueuse entourée d'un buisson de ronces. Philippe Potier m'ordonna de sortir, dans son langage toujours aussi coloré. Que pouvais-je tenter ? Malgré son grand âge, il restait un homme robuste dont le visage exprimait la détermination mais aussi l'habitude des situations de ce genre. Je me résignai à obéir et à tenter de les raisonner pour qu'ils ne partent pas dans une spirale infernale qui allait jalonner leur parcours de morts d'innocents. Comme ils avaient dû le pratiquer le dimanche précédent, le père adoptif m'accompagna jusqu'au fond de la friche où il m'ordonna de m'agenouiller, pendant que sa fille assistait au spectacle d'un peu plus loin, bras croisés.

— Que me reprochez-vous au juste ? questionnai-je, décidé à me battre jusqu'au bout pour sauver ma peau en gagnant du temps. D'être un flic ? D'avoir débrouillé votre intrigue pourtant subtile ? De savoir que Marie aimait Fischer et qu'il ne mentait pas quand il refusait d'avouer un crime qu'il n'avait pas commis ? Car, au final, l'assassin, c'est vous, Potier, ce n'est pas lui ! S'il a commis un crime, c'est celui de ne pas avoir tenté de retrouver l'amour de sa vie, une fois la guerre achevée. Mais dans cette période troublée, ne risquait-il pas de porter préjudice à la jeune femme en révélant son passé trouble ? Bien sûr, cette réflexion vous échappe totalement. Vous restez fidèle à votre logique de vengeance, sans chercher à situer les événements dans le climat malsain de l'époque ; parfois, la raison pousse deux êtres qui s'adorent à s'éloigner l'un de l'autre, car leur amour est non seulement impossible, mais en plus dangereux à révéler…

— Tu vas la fermer, oui ? beugla de loin Jeanne Girard en s'approchant de quelques pas. Ce type a violé ma mère, alors qu'elle n'avait pas encore dix-sept ans. Il a mérité le sort que nous lui avons réservé. Tu t'obstines à le défendre, sale flic, tu vas partager son sombre destin !

— Allez, les mains derrière la nuque, poulet, et ne fais pas le mariole, sinon je te dessoude illico ! ordonna Potier en me menaçant avec son calibre. Le moment est venu pour toi de regretter de nous avoir couru sur le haricot ! Tu aurais fait plonger un loubard, comme te le suggérait le préfet, je ne t'aurais pas mis à l'amende ! Si tu as une dernière volonté, c'est le moment d'accoucher !

— Oui, je voudrais faire une dernière prière. Ce ne sera pas long…

C'est fou ce qu'on peut conserver comme images dans le crâne, qui défilent à toute allure à l'instant dernier. Des visages, des moments forts, des rires, des drames, des odeurs, des cris, des hurlements de trains… J'étais né dans une gare et je partais dans le dernier train qui allait quitter l'usine de Tréguennec ! Entre les deux, des voies de garages, des bifurcations, des stations agréables, d'autres moins marquantes, des passagers que l'on croise sur les quais de la vie, des regards qui s'arrêtent quelques instants de plus : deux Polonaises comme jalons de départ et de fin de ma véritable vie, une magistrate aussi attachante que maladroite que j'aurais tant voulu retenir comme compagne de voyage…

Je ne sais pourquoi, à cet instant précis, l'image qui

s'imposait en moi n'avait rien à voir avec mon existence, je me voyais à la place de ces millions de Juifs quittant eux aussi un jour une gare pour un voyage qui serait le dernier. Sans doute à cause de ce que le téléfilm et l'enquête avaient éveillé en moi de souvenirs enfouis, d'images d'archives conservées par mon subconscient, relatifs à des faits que je n'avais pourtant pas vécus… ou dans une autre vie… Tout se bousculait dans mon crâne proche d'exploser, victime du choc des souvenirs qui s'affrontaient… Qui protégerait Sarah, dès demain ? J'aurais tant aimé la laisser entre les mains d'un garçon sérieux avant de tirer ma révérence ; ces fous n'allaient pas m'en laisser le temps…

— Bon, c'est fini, maintenant, avec tes bondieuseries ?

— Vous allez commettre une nouvelle terrible erreur, quand vous saurez la vérité !

— Allez, Papa, décanille-le, j'en ai assez de ses jérémiades ! ordonna la rouquine devant moi.

— Moi, ce que je sais, c'est que, dans moins d'une minute, tu vas frapper à la porte de saint Pierre pour lui demander une chambre… sanctionna Potier en appuyant un peu plus fort le canon de son arme sur ma nuque. Adieu, poulet !

— Plus un geste ou je tire !

La scène qui se déroula alors, je ne sus si je la vivais ou si je la rêvais.

Je reconnus la silhouette de Radia qui s'avançait lentement, revolver à hauteur de la tête. Jeanne Girard se retourna pour voir qui venait l'importuner, avant de comprendre qu'il s'agissait d'une policière. Elle tenta de s'échapper, mais la commissaire lui conseilla de rester près de la voiture.

Je sentis alors le froid du canon remonter lentement vers le haut de mon crâne et je compris que mon agresseur irait jusqu'au bout, ce qui ne m'incitait pas à l'optimisme.

Il se redressa, mais il me tenait encore à sa merci. Ma patronne avançait toujours d'un pas lent mais ferme, pour se trouver à hauteur de Jeanne Girard qu'elle surveillait du coin de l'œil.

— N'avance plus, la Beurette, sinon je le bute ! annonça Potier dont je sentais le bras trembler à présent. Si tu ne veux pas voir la cervelle de ton pote exploser et se répandre dans la nature…

— Un, ce n'est pas mon pote, juste un collègue comme des dizaines d'autres, un subalterne comme j'en possède des dizaines sous mes ordres ! Deux, vous n'allez pas tirer car vous savez que, juste après, je ne vous raterai pas ! Trois, vous n'allez pas laisser votre fille assumer seule la responsabilité de votre folie meurtrière, une fois que je vous aurais abattu, je ne pense pas que ce soit votre style…

— Tu bluffes, tu n'auras pas les tripes de tirer sur un mec, il faut en avoir où je pense pour buter quelqu'un de sang-froid.

— Je serais toi, Potier, je ne me montrerais pas aussi sûr de ça, vois-tu ! répliqua Radia en prenant assise sur ses jambes écartées, prête à viser. Je vais compter jusqu'à trois pour te laisser le temps de jeter ton arme et de ne pas faire peser sur ta fille la responsabilité d'un bain de sang ! Un, deux !

Il se passa peut-être une seconde, une éternité d'une seconde durant laquelle je me ressaisis pour analyser la situation et me placer dans la tête de ma patronne, flic comme tout flic, même novice, même plus intello que rompue au terrain. Je savais, après lecture de son rapport, qu'elle possédait d'excellentes notes au tir ; seulement, Sarah aussi, brillait à l'entraînement et s'était révélée incapable de tirer sur un malfrat à Douarnenez…

Je me basculai promptement sur le côté au moment où un double coup de feu se fit entendre. Philippe Potier hurla de douleur alors que son arme tombait à mes pieds.

Radia l'avait touché au bras, un coup était parti de l'arme du criminel pour se perdre dans le sol, tout était fini, je pouvais me relever. Jamais sans doute de ma vie, je n'avais eu si peur ! Si, peut-être une fois, lors d'une mission au Rwanda, mais cela, c'était une autre histoire…

Radia Belloumi menotta vigoureusement les poignets de Jeanne Girard après l'avoir plaquée contre leur véhicule. Elle s'approcha ensuite de Potier qui se roulait de douleur à terre, pour évaluer l'importance de la blessure. Enfin, elle me demanda mes menottes et les lui enfila sans ménagement, avant de le relever pour le mener jusqu'à sa fille. Je la remerciai de son arrivée providentielle en me nettoyant la veste et le pantalon, mais elle ne m'écoutait déjà plus, tout à son travail.

Sortant lentement de mes limbes cérébraux, j'entendis quelqu'un qui m'appelait, de beaucoup plus loin, et pour la première fois de ma vie, je vis Dominique courir, au risque de se casser un talon de chaussure ou, pire encore, une cheville. À chaque foulée, son opulente poitrine se baladait sous son pull de laine et je soupirai du plaisir de la retrouver. Elle arriva vers moi et plongea dans mes bras en remerciant le ciel de me découvrir en vie et en bonne santé.

— Il vous serait arrivé l'irréparable, je m'en serais voulu de vous avoir laissé partir sur des reproches de ma part ! me susurra-t-elle à l'oreille, tout en m'étouffant de l'étau de ses bras.

— Je ne comprends pas…

— Je vous ai traité de déjanté, je suis désolé…

— J'ai juste entendu que nous étions, Sarah et moi, vos meilleurs amis et j'ai senti un profond bonheur investir mon cœur. Nulle parole ne pouvait me toucher davantage !

— Je n'aurais pas été aussi timide avec vous, je vous aurais avoué que vous représentez aussi, avec Sarah, les deux personnes qui comptent le plus pour moi !

— Cependant, vous n'aviez pas tout à fait tort, à force de mener nos enquêtes sur les chapeaux de roues, nous sommes parfois un peu déjantés. Seulement vous êtes une femme intelligente, vous savez passer par-delà les apparences pour vous attarder sur l'essentiel, ce qui me sauve !

— Une fois de plus, vous retournez la situation à votre avantage, vous êtes tout de même un drôle d'oiseau !

— Madame le substitut, Capitaine, sans troubler vos émouvantes retrouvailles, nous avons un criminel à accompagner à l'hôpital, pour qu'il se fasse soigner, et sa complice à interroger avant qu'elle ne signe ses aveux, intervint Radia, juste un peu excédée par nos batifolages d'adolescents. Mais si vous avez une urgence affective, tous les deux, nous pouvons attendre… Ah, Paul, Sarah a tenté de vous joindre sur votre portable pour vous confirmer que Philippe Potier se trouvait bien toujours sur Quimper. Comme vous ne répondiez pas à son appel, elle s'est inquiétée, elle m'a contactée, je crois qu'elle a eu un réflexe salvateur…

— Commissaire, vous m'avez sauvé la vie, vous n'aurez pas affaire à un ingrat, croyez-le ! assurai-je en m'extirpant de l'étreinte de ma magistrate favorite pour me rapprocher de ma patronne. Je saurais m'en souvenir, le moment venu. La première manière de vous prouver ma reconnaissance, se sera de témoigner auprès de votre hiérarchie : de louer votre étonnante présence d'esprit pour quelqu'un de votre génération et de vanter votre courage sublime et votre perspicacité judicieuse. Nous sommes samedi et vous venez de boucler avec brio votre première enquête bretonne, comme vous vous y étiez engagée, commissaire Belloumi ! Vous allez pouvoir appeler le préfet pour lui apprendre la nouvelle… Il vous doit des excuses…

— Si cela ne vous dérange pas, nous insistons pour vous accompagner ! ajouta Dominique, soulagée elle aussi de l'heureux dénouement. Connaissant votre modestie naturelle et votre inclination à minimiser vos faits d'armes, vous ne rapporteriez pas votre exploit dans toutes les dimensions de sa réalité. Je ne veux pas courir le risque de vous voir remplacée à votre poste, alors que vous représentez la personne idéale à la tête de la police de la ville ! Par contre, j'aurais juste une modeste requête à formuler : ce soir, Radia, par pitié, fêtez votre succès avec modération ! Quand arrive la fin de semaine, j'aime bien vivre des soirées tranquilles et des nuits complètes…

La journée m'avait vidée ; je m'apprêtais à rentrer à Bénodet, satisfait de me détendre en solitaire, histoire de me remettre de mes émotions. D'autant que Sarah se trouvait de permanence au poste et que Père allait passer le week-end chez Colette. Radia s'offrit de m'accompagner, elle n'avait pas envie de se retrouver seule après une telle journée ; comme je ne pouvais rien lui refuser… Elle alla seulement vérifier les derniers dossiers posés sur son bureau et revint dans son éternel manteau bleu marine :

— Bon, vous me guidez jusqu'à Bénodet, je ne connais absolument pas la route… Vous habitez bien

Bénodet ? Cela doit vous gêner de devoir trouver chaque jour un véhicule pour vous transporter jusqu'à Quimper ? Vous n'avez pas le permis ?

— Vous suivez le Frugy, vous passez devant les faïenceries, vous suivez ensuite le panneau Bénodet-Fouesnant… Vous verrez, ce n'est pas compliqué et c'est bien indiqué. Et pour votre enquête personnelle, j'ai mon permis, tous mes points, seulement je déteste conduire !

— Ce n'était pas par indiscrétion…

On arriva rapidement à Bénodet, nous longeâmes le front de mer jusqu'à la maison et, une fois à proximité de la pointe Saint-Gilles, j'expliquai à Radia que, par temps plus clair qu'en cette journée, la vue était superbe sur la baie de Bénodet, Sainte-Marine en face, et les Glénan, dans le lointain. Je descendis du véhicule en remerciant la conductrice pour le dérangement, elle me suivit avec la ferme intention de découvrir mon domicile. Comment l'en empêcher ? Je lui proposai de prendre un apéritif, elle accepta avec empressement.

Une fois à l'intérieur, je lui fis faire une visite rapide des pièces du rez-de-chaussée en m'excusant pour le bazar. Sarah et moi, expliquai-je, avions eu une semaine chargée sur le plan professionnel et peu de temps pour jouer les femmes de ménage. Radia sourit, tout en se débarrassant de son long manteau. Une fois de plus, en cette journée, elle avait choisi de porter un pull léger et une courte jupe en daim, exhibant de superbes jambes que j'avais déjà eu tout loisir d'admirer lorsque je l'avais allongée sur le lit d'amis de l'appartement de Dominique. Et toujours les mêmes bottes noires en cuir qui lui remontaient quasiment jusqu'aux genoux.

Pour tout dire, je ne connaissais pas beaucoup de tenues plus sexy que celle-là…

Je la quittai pour aller chercher les bouteilles, les verres et les amuse-gueules, me hasardant à lui proposer une moitié de pizza royale arrosée d'un excellent côtes du Ventoux rosé. Elle accepta.

Nous trinquâmes à la réussite de son enquête et à ma vie sauve avant de délaisser les cacahuètes pour des portions de pizza.

Elle se détendait peu à peu, moi aussi. La nuit était tombée sur le littoral, elle me réclama un peu plus de vin, mais la bouteille était vide. Je lui rappelai qu'elle avait quinze kilomètres de route jusqu'à Quimper, avec des risques de contrôles d'alcoolémie, même si sa carte de police lui éviterait sans doute de souffler dans le ballon. Elle m'avoua qu'elle avait horreur de conduire la nuit, encore plus de se retrouver seule au volant de son véhicule, surtout dans ce monde de pervers.

Je la regardai en fronçant les sourcils, n'ayant compris qu'à moitié où elle voulait en venir.

— Je peux bien squatter le canapé pour la nuit, non ? se justifia-t-elle, appliquée à tortiller candidement ses longues mèches noires et bouclées. Sarah passe sa nuit au commissariat, votre père dort déjà du sommeil du juste chez votre sœur… Demain matin, je vous conduirai chez le procureur pour l'audition de notre coupable…

Je sentais bien que je me faisais avoir, mais comment pouvais-je agir autrement ? Il était près de vingt et une heures et je devais admettre que, de mon côté, je préférais voir Sarah coucher à Quimper que de la savoir sur la route en pleine nuit. Récemment, on avait arrêté deux loubards à moto qui, la nuit tombée, repéraient des filles jeunes et mignonnes, seules dans leur véhicule, les prenaient discrètement en chasse avant de passer à l'action en zone déserte, forçant le véhicule à s'immobiliser. Par chance, l'une d'entre elles était venue porter plainte pour agression au commissariat. Grâce à ses portraits-robots et au numéro de l'une des motos qu'elle avait mémorisé, les coupables avaient pu être arrêtés. Ils avaient clamé leur innocence, juré qu'ils n'avaient pas touché à ces filles, des affabulatrices selon eux. Seulement, ils avaient gardé chez eux des objets volés à leurs victimes, mais aussi les films des effeuillages forcés, qu'ils devaient se repasser ensuite en boucle. Cette fois, ils étaient coincés !

Je remplis deux verres de rosé, je tendis l'un d'eux à ma supérieure, on trinqua. Je m'étais installé dans mon fauteuil favori et, avant que je ne le lui propose, mon invitée avait investi celui de mon père, si confortable.

Rapidement, elle ôta ses bottes de cuir, remonta légèrement sa jupe déjà courte, pour s'asseoir en tailleur. Je n'avais plus auprès de moi un commissaire de police représentant l'autorité suprême, mais une jeune femme en évident manque affectif. Tout, de sa pose lascive et sans équivoque, à sa manière expressive de déguster son rosé, de son regard ensorceleur à sa voix suave pour me demander si ce n'était pas trop difficile de vivre avec son père et sa fille, oui, tout en elle représentait une provocation manifeste.

Le verre vidé, je lui en proposai un second, puisque j'avais ouvert une nouvelle bouteille et qu'il était à présent évident qu'elle allait rester dormir ici. Elle l'accepta sans sourciller, le trouvant excellent. Je la contemplai, moitié femme, moitié enfant, séductrice en diable et pourtant ma patronne. Il me fallait marquer mes positions, sans pour cela la vexer :

— Écoutez, Radia, me voilà bien embarrassé, j'apprécie votre compagnie, mais j'ai peur que cette soirée ne dérape… J'ai un principe auquel je n'ai jamais dérogé : pas de relations intimes avec une collègue. Et s'il en est une qui le déplore profondément, croyez-le, c'est bien Carole qui me le rappelle souvent… Vous êtes mon chef et mieux vaut que nous en restions à une amitié loyale, plutôt que de placer notre relation sur une base que nous pourrions regretter un jour. Je ne voudrais pas que vous pensiez que…

— Paul, nous ne sommes pas des gamins, ni vous ni moi ! Je sais que vous me désirez et le sentiment est réciproque, depuis le premier jour et vos paroles devant les collègues, après le pépin du commissaire Chantre. Bien sûr, vous allez me dire : la différence d'âge, l'ambiguïté de nos rapports futurs, les réactions de notre entourage, seulement nous n'avons qu'une vie ! J'ai confiance en vous, je ne suis pas une fille facile qui s'acoquine avec le premier venu pour satisfaire sa libido. Vous possédez la maturité de l'âge et du vécu, moi, je suis comme ces fruits précoces que l'on cueille avant les autres. Un jour, je vous raconterai certainement mon parcours complexe, mes blessures secrètes, mes douleurs profondes. Pas ce soir. Là, j'ai envie d'autres sensations, de savoir que je suis une femme aux yeux d'un homme qui sait les apprécier, de me livrer sans fard, avec ce que j'ai, mes désirs comme mes failles. Vous pouvez comprendre cela ?

— Comprendre le désir d'une femme est un point, accepter de suivre son aspiration en est un autre, répliquai-je, embarrassé, me sentant vaciller. D'ordinaire, comme vous l'avez dit, mon père loge ici, sans parler de Sarah qui peut débarquer à tout moment, car elle est imprévisible. Lui, je ne voudrais pas le perturber dans son équilibre précaire ; elle, j'imagine déjà sa réaction, me traitant d'homme volage et immature, incapable de me fixer auprès d'une femme sérieuse, comme Dominique Vasseur, à ses yeux…

— Paul, je ne te demande rien d'autre que ce soir ! me supplia Radia en se débarrassant de son pull rouge avant de le jeter sur le fauteuil qu'elle venait de quitter d'un bond pour s'agenouiller à mes pieds. Ce n'est pas l'ordre d'un supérieur, c'est la supplique désespérée d'une jeune femme avide d'amour, dont le corps entier crie son désir irrépressible...

— Je dois avoir les oreilles bouchées, je n'entends rien ! Je ne peux pas céder à vos avances, Radia, nous allons au-devant de gros problèmes... Cela ne nous mènera nulle part, juste à cultiver des regrets !

— Paul, je ne te plais pas, c'est cela ? questionna-t-elle en dégrafant son soutien-gorge, laissant apparaître de petits seins fripons aux larges aréoles foncées. Ou alors tu as un problème avec les Maghrébines, c'est cela ? Au bureau, cela passe, mais pas au pieu !

— Ne sois pas idiote, cela n'a rien à voir ! Allez, viens, tu as gagné. Mais seulement une nuit et, demain matin, pas un mot au commissariat, encore moins à Dominique Vasseur...

Je la pris par la main et la menai vers ma chambre en me disant que je n'avais décidément aucune volonté. Radia possédait les atouts d'une femme capable d'éveiller tous mes sens au désir immédiat, sans parler du côté exotique d'une peau mordorée, au parfum pimenté d'épices orientales. Elle avait raison, j'en avais autant envie qu'elle. Seulement, lorsque le corps a raison, la raison quitte le corps... Alors ce fut superbe, intense, merveilleux.

Quand elle se leva en me remerciant, pour aller fumer une cigarette dans le jardin de derrière, seul dans mon lit, je tentais de me raisonner : je venais de commettre une grosse boulette ! Sans parvenir à regretter ce moment d'amour exceptionnel avec Radia. Elle revint se coucher, on recommença, elle semblait insatiable et j'adorais cela.

Quelques heures plus tôt, j'avais échappé à la mort et là, je succombais à l'amour…

VIII

En après-midi de ce samedi, Julie Varaigne maugréa un peu lorsque sa patronne lui demanda de la rejoindre à son bureau du palais de justice pour une audition urgente. Elle s'apaisa quand elle sut que je serais présent, déchanta quand elle me vit arriver en compagnie du commissaire Radia Belloumi qu'elle détesta aussitôt. Elle était ainsi, la secrétaire de Dominique, qui nous pensait tous deux inséparables, au prétexte que nous avions couché ensemble quelques soirs, et s'ingéniait à dénigrer, avec une évidente mauvaise foi, toutes les rivales potentielles qui avaient le malheur de m'approcher. Le pire étant naturellement quand le sujet se trouvait abordé au bureau, devant Dominique qui ne possédait pas l'audace, le culot même, voire l'impertinence, de sa secrétaire. Du coup, elle ravalait à chaque fois ses espérances déçues…

Pour sa part, Radia avait été rassérénée par les félicitations du préfet, au su des exploits de la nouvelle patronne de la Police Nationale sur Quimper ; un peu aussi, sur un plan personnel, par notre nuit divine. Dominique avait réclamé une heure pour prendre connaissance de certains détails du dossier. Radia les lui donna avec une telle précision que je me demandais si elle n'avait pas passé sa semaine à apprendre par cœur chaque feuillet ! Certes, il s'agissait de sa première affaire, pour laquelle elle avait fourni une application particulière, de plus, elle maîtrisait si bien les tenants et les aboutissants que je me demandais si elle ne se trouvait pas dans mon dos pour les différents épisodes de l'enquête. Lorsque toutes deux furent au point, on fit entrer Jeanne Girard, puisqu'elle seule était en état physique de répondre aux accusations de meurtre et de tentative de meurtre.

Philippe Potier avait été admis à l'hôpital, sous bonne garde, même si sa blessure ne présentait pas un caractère de gravité, seule la chair du biceps avait été atteinte. Dans quelques jours, le mari vengeur pourrait être auditionné par les magistrats. Seule donc, sa fille Jeanne, bien moins pimpante que le matin à l'hôtel, allait affronter le substitut du procureur. Elle n'avait pas jugé utile de faire appel à un avocat, d'ailleurs, elle n'en connaissait pas dans la région. Elle conservait son arrogance empreinte de condescendance, sans doute convaincue, au fond d'elle-même, que malgré le flagrant délit du matin, elle pouvait encore s'en tirer. Son maquillage avait souffert des événements et, avec lui, c'était la façade lisse de l'épouse de l'ombre qui avait pris un sacré coup. Sa jolie robe, elle-même, s'était froissée, victime d'un passage sans ménagement dans le fourgon de police venu l'embarquer.

Un simple dialogue avec Julien Girard, prestement

arrivé de Tréguennec, dès qu'il avait appris l'interpellation de son épouse, m'avait suffi pour comprendre qu'il n'était pas au courant des intentions de Jeanne et pas davantage de ses actes. Certes, sa part d'implication mériterait plus tard des éclaircissements, car il était impossible que la tournure des événements ne lui ait pas mis la puce à l'oreille et il devait en savoir davantage qu'il ne le prétendait sur le passé de sa belle-mère. L'histoire de son roman, transformé en téléfilm, collait parfaitement avec celle de Marie, et cela n'était pas, à mon sens, du seul fait du hasard...

Par contre, dès le début de l'interrogatoire, s'opposant frontalement au récit des faits entamé par Dominique, Jeanne Girard n'en démordait pas : Hans Fischer avait violé sa mère à Tréméoc et, pour ne pas jeter le discrédit sur sa famille, elle avait été contrainte de quitter la Bretagne. Voilà la version que Marie lui avait toujours racontée, depuis l'instant où sa fille avait été en âge de comprendre la raison pour laquelle elle était née sous X, avant de reprendre son rôle de mère. Sa chance fut de croiser la route d'un homme merveilleux qui avait accepté de la protéger et de l'aimer, malgré le drame qui avait affecté son psychisme, puis d'adopter cette môme née dans des circonstances particulières et de la considérer aussitôt comme sa fille. Sans Philippe Potier, jamais Marie n'aurait survécu à cet événement atroce et jamais Jeanne n'aurait goûté une enfance aussi heureuse. Quand elle parlait, elle s'immergeait dans ses souvenirs et assénait ses paroles avec une telle conviction que Dominique finit par s'y laisser prendre. Comment une femme pouvait relater à sa fille un destin aussi cruel, s'il ne s'agissait pas de la vérité ? Comme je murmurai, à l'attention de la magistrate, que Micheline Jacq et Vonnik Vergne possédaient une même certitude que Marie et Hans s'aimaient réellement, Jeanne me rétorqua d'une pique mordante que sa mère était la première concernée par l'acte, la plus apte à certifier qu'il s'agissait d'un viol. Il existait des événements, dans une existence, qu'on ne pouvait inventer pour se mettre en avant !

Si cela ne changeait rien quant aux faits et au crime commis sur la personne de Jean Pêcheur, avec les circonstances aggravantes de la préméditation, comment ne pas imaginer le jury attendri par cette femme, née du plus terrible des viols – s'il existe une échelle de valeur dans l'ignoble – l'agression commise en représailles pour un fait de résistance de son père, par le soldat d'une force ennemie ? Des experts analyseraient le traumatisme enduré par cette malheureuse personne dont la vie entière était biaisée, dès la naissance, par l'acte même duquel elle était issue ! La volonté farouche de Jeanne Girard à faire légitimer la thèse du viol ne correspondait donc pas seulement à son désir de voir sa mère lavée de l'ignominie, mais aussi à sa volonté intelligente d'échapper à une longue peine pour complicité dans un meurtre commis avec préméditation…

Assise à mes côtés, étonnamment discrète, Radia

Belloumi écoutait les arguments des uns et des autres sans émettre d'avis. Elle avait entendu les arguments véhéments de Jeanne, les réactions compréhensives d'une personne de cœur, celles de Dominique qui pensait qu'une femme était incapable de se prétendre victime d'un viol, si cela était faux. Elle m'avait écouté rappeler les témoignages de contemporains des faits sur l'amour clandestin qui liait Marie et Hans, cependant elle n'avait pas confié son point de vue personnel. Lorsque Dominique se tourna vers elle pour qu'elle exprime son sentiment, notre commissaire mit un certain temps avant de se lancer dans sa perception de l'affaire. Quand elle se décida, son réquisitoire fut sans appel :

— Jeanne Girard nous ment sans vergogne, elle nous balade en voulant nous faire prendre des vessies pour des lanternes ! Sans doute sa mère lui a-t-elle menti également, avec la même véhémence convaincante… Cela, elle seule pourra nous le dire, en acceptant de nous livrer la vérité sur la fin de l'affaire. J'ai pris connaissance des témoignages édifiants de l'ancienne institutrice, confidente de la très jeune Marie Kervellec, et de Vonnick Vergne, jeune fille à l'époque, qui vivait sous le même toit que Fischer et partageait le secret de ses amours clandestines avec l'adolescente de la ferme voisine. J'ai lu également combien l'autorité du père de Marie, un homme souvent tyrannique, ne souffrait aucune contestation ni rébellion ; et sa décision, quand il apprit la liaison de

Marie avec un Allemand, avait un double effet : d'abord protéger une fille qu'il adorait à sa manière, elle était, est-il inscrit dans le rapport et je le cite, sa fierté, sa raison de vivre et de se battre contre l'envahisseur. En la chassant du toit familial avec autant de violence, il lui évitait en fait les humiliations endurées par d'autres femmes, quelques mois plus tard, pour des faits similaires. Sans doute a-t-il aussi désiré éviter de voir sa famille éclaboussée par un scandale qui aurait terni sa propre réputation. C'est lui, à mon sens, qui a eu l'idée d'inculquer à sa fille cette version du viol qui la dédouanait de toute responsabilité. Ainsi elle ne serait plus, aux yeux des personnes qui croiseraient sa route, une “poule à Boches” vouée à la géhenne, mais une victime innocente de la barbarie nazie dont le temps qui s'est écoulé depuis n'a jamais amoindri la répulsion du public.

— Dans ce cas, pourquoi accuser madame Girard de mensonge, s'étonna Dominique, si la version qu'elle a toujours entendue de la bouche de sa mère était fausse ? Sans doute ne possédait-elle pas notre recul, nos moyens d'analyser le passé pour discerner la réalité du cheminement de Marie Kervellec... Cela rejoint mon analyse : comment une femme confortée dans un mensonge depuis des décennies, pouvait-elle éviter de sombrer, au fil des années, dans une paranoïa morbide ?

— J'aimerais poursuivre mon raisonnement, Madame le substitut, si vous le permettez, reprit Radia, convaincue. Faisons un bond dans le temps pour arriver à l'instant du suicide de Marie Potier. Tentons de comprendre son geste, après tant d'années de souffrance ravalée. Entre-temps, effectivement, la version rodée du viol est imprimée dans les esprits de Jeanne Girard et de Philippe Potier. La première la martèle avec autant de force et de constance que son mari Julien se sert de cette trame solide, polie par les années, pour écrire un roman à succès. Le second, amoureux dès le premier regard de cette fille fragile et sans défense, va cultiver une haine hors norme envers ce salaud qui a souillé un jour la femme de sa vie. Voilà comment, à force de recherches, avec l'aide du hasard ou du destin, il va découvrir ce que nous avons, nous-mêmes, compris : Hans Fischer est devenu Jean Pêcheur à la faveur d'un changement d'identité facilité par la famille Vergne, dans les circonstances que nous avons apprises. Ce criminel, à leurs yeux, a même l'impudence d'écrire des articles sur les trains de toutes les époques, notamment ceux qui roulaient durant la guerre. Une preuve supplémentaire, s'il en est besoin, qu'il s'agissait bien de la même personne ! Dès lors, le mari et la fille élaborent un plan machiavélique pour piéger l'Alsacien et laver l'honneur de l'épouse de l'un et de la mère de l'autre. Le passage du roman de Julien Girard à l'écran, avec la nécessité de s'entourer de conseillers techniques, représente une opportunité inespérée…

— Mais Julien Girard nous a certifié lui-même qu'il ignorait qui était Jean Pêcheur ! objecta Dominique, désireuse de pousser Radia dans ses retranchements, sous le regard ahuri de la coupable.

— Demandez à Baudoin Schuller comment il a eu connaissance de l'existence d'un expert en histoire du rail et il vous apprendra que c'est en recevant des copies d'articles par la poste, des documents expédiés par Jeanne Girard, à coup sûr ! La machine implacable est en marche, le plan est minutieusement élaboré pour interdire la moindre mauvaise surprise. Marie l'apprend, elle est piégée par son mensonge, elle ne peut plus reculer, révéler la vérité à ses proches, sans se discréditer à leurs yeux. Impossible d'arrêter le processus destructeur, elle n'a plus qu'une solution : le suicide accompagné d'une lettre explicative qui dévoile le secret et supplie les siens de ne pas mettre leur plan à exécution et de lui pardonner son entêtement à faire accepter une version fausse de son passé et de sa relation avec Hans Fischer, niant le sentiment fort et sincère qui a procédé à la naissance de sa fille.

— Je n'ai pas souvenance d'avoir entendu parler de ce courrier de Marie Potier ! intervint Dominique, la tête penchée sur son dossier, lunettes sur le nez.

— Jeanne Girard est devenue une criminelle à l'instant même où elle a soustrait cette lettre d'explication de la vue des enquêteurs venus élucider les raisons du suicide. Il existe dans une vie des moments parfois très courts où une décision fait basculer un destin. Avant ce geste impardonnable, Jeanne Girard était une victime, après, elle devient une coupable !

— Ce raisonnement, il vous faudra le démontrer, Commissaire ! soupira Dominique, moue dubitative à l'appui.

— Je possède, dans notre dossier, le procès-verbal de la constatation du suicide de Marie Potier par nos collègues de Boulogne-Billancourt. Le corps a été découvert par sa fille, Jeanne Girard, qui passait, comme presque tous les jours, rendre visite à sa mère. Philippe Potier se trouvait hospitalisé pour une intervention bénigne, cette semaine-là. Nos collègues n'ont trouvé, près du corps, aucun mot d'explication du geste, pas la moindre justification d'un acte aussi grave. Madame Girard, pas une seule personne au monde ne se suiciderait, après avoir conservé durant tant d'années un secret aussi lourd, sans révéler les raisons qui l'ont poussée à un geste aussi désespéré ! Vous avez gardé pour vous la confession de votre mère et décidé de vous en tenir à la version officielle jusqu'alors. Vous en expliquerez certainement un jour les raisons devant un tribunal ou en face de psychiatres. Vous avez décidé de poursuivre votre vengeance contre votre père biologique, de lui faire payer un crime qu'il n'avait pas commis, un mensonge qui n'était pas le sien ! Voilà pourquoi, à mes yeux, vous êtes responsable de la mort de Jean Pêcheur, pourquoi je vous considère comme une criminelle. Votre mère a tout fait pour vous sauver de votre pulsion morbide, vous n'avez pas saisi la main qu'elle vous tendait en se sacrifiant. Son suicide représentait son ultime acte d'amour envers vous…

— Cela, ma petite, il faudra que tu le prouves ! ironisa Jeanne Girard en forçant son rire. Ma mère a perdu la tête, voilà tout ! Elle a absorbé des médicaments, le soir avant de se coucher, car elle en avait marre de la vie. Si l'on peut parler de vie, en pensant à son destin… Je ne vois pas comment vous pourrez produire un document qui n'existe que dans votre tête de petite intellectuelle sans jugeote, sans expérience de l'existence, dénuée du plus petit sentiment de compassion !

— Ce ne sera pas très compliqué ! objecta Radia en fixant Jeanne Girard qui ne daigna pas tourner son regard hautain vers la policière. Ce message de votre mère, vous ne l'avez pas détruit, vous l'avez conservé ! Oui, je suis une petite intellectuelle ; mes cours à l'école de police m'ont appris à analyser le suicide, des milliers de cas de suicides différents. Ils m'ont aussi permis de savoir qu'une personne qui dissimule une preuve dans une affaire aussi dramatique, ne la détruit jamais ! Allez savoir par quel plaisir malsain, elle la garde près d'elle, la consulte souvent, se consume à l'apprendre par cœur, se ronge à en lire et relire le contenu, au point de perdre peu à peu la raison ! Je peux consulter votre médaillon, madame Girard ?

— Je vous interdis, c'est un souvenir de ma mère, accepter de voir une étrangère le toucher ce serait le profaner ! Surtout vous, vous ne valez pas mieux que les nazis, petite peste... À voir avec quel plaisir vous avez abattu mon pauvre père... Un peu de respect, tout de même !

Il se passa un moment où personne n'osa prendre de décision. Jeanne Girard avait porté ses doigts sur le pendentif qui ornait le décolleté de sa robe grise et n'entendait pas laisser l'un de nous toucher l'amulette. Radia avait tendu la main pour récupérer la pièce à conviction, sans répondre à l'injure de la prévenue. Je regardai Dominique, partagée entre une forme de compassion pour cette femme au destin si tragique et son désir de boucler rapidement l'enquête avec la découverte d'un indice essentiel, à laquelle succéderaient, à coup sûr, les aveux circonstanciés de la coupable. Elle ferma le dossier, ôta ses lunettes et tenta de capter le regard de Jeanne Girard.

— Si vous nous expliquiez pourquoi vous avez réagi de la sorte ? Vous êtes une personne intelligente, sensée, responsable, je suppose que vous avez réfléchi profondément, ce jour-là, devant le cadavre de votre mère, avant de décider de ne pas retoucher l'histoire qui vous avait portée jusqu'à vos soixante ans. De continuer à vivre avec le mensonge qui avait forgé votre existence et les sentiments de haine, de rancœur, de répulsion qu'il vous inspirait...

— Jamais décision ne fut plus facile à prendre ! répliqua la prévenue, le visage subitement métamorphosé, libérée d'un lourd secret. Pourquoi remettre en cause un équilibre aussi bien établi ? Comme vous venez de le dire, j'avais soixante ans, un âge auquel il est trop tard pour s'inventer une autre vie. Mon père qui se trouvait affaibli à l'hôpital, je risquais de lui causer une crise cardiaque si je lui annonçais que l'amour de sa vie l'avait trompé, durant toutes ces années, avec une histoire inventée de toutes pièces. Le suicide, c'est une libération pour celui qui part, seulement, il laisse les siens avec un nouveau secret, aussi lourd à porter, parfois davantage ! Il nous fallait absolument aller au bout de notre plan, à présent que ce salaud de Fischer avait eu raison de ma mère, trop fatiguée pour continuer de se battre. Mon mari n'y a vu que du feu, il évolue dans un univers particulier, si éloigné du quotidien sordide. Au moins, notre histoire lui aura rapporté de l'argent et la notoriété, il n'aura pas tout perdu avec moi. Le jour où j'ai appris que, suite au dossier que je lui avais adressé, Schuller avait engagé Jean Pêcheur comme conseiller technique, j'ai bondi de joie : mon plan avait parfaitement fonctionné. Ce salaud ne pouvait s'en tirer alors que nous avions connu le malheur par sa faute ! Après tout, qu'il ait ou non aimé ma mère, cela ne change rien ; il n'avait pas à lui courir après, avec son uniforme vert-de-gris ! J'ai fait ce qui devait être fait…

La partie était définitivement terminée. Pour preuve, Jeanne Girard défit son pendentif, l'ouvrit et remit la lettre de sa mère à la magistrate qui la déplia avant de la placer dans le dossier, sans même la consulter. Je me levai pour aller chercher deux bleus qui nous attendaient à la porte, et leur demandai de passer les menottes à la prévenue et de la mener au dépôt. Jeanne Girard se laissa faire, elle savait à présent qu'elle avait perdu la partie, mais s'en souciait-elle réellement ? Il resterait au jury à analyser sa part de responsabilité dans les actes de son père adoptif, notamment le crime perpétré sur son véritable père, Hans Fischer, cet Alsacien enrôlé de force dans l'armée allemande, dont la vie avait, elle aussi, été bouleversée à jamais par l'amour qu'il avait éprouvé pour une petite paysanne bretonne. La guerre tuait encore des gens, plus de soixante années après sa fin ; certaines mines explosent très longtemps après, sous les pieds d'innocentes victimes, d'autres éclatent dans les têtes... Un profond silence, lourd de méditation, succéda à la passe d'armes. Peu à l'aise dans un tel climat, Julie se proposa d'aller nous chercher de bons cafés, pour récupérer de la tension de cette confrontation.

On se retrouva tous les trois et je ne pus que féliciter mes deux compagnes d'action pour leur gestion de l'interrogatoire. En fait, Radia surtout, m'avait bluffé avec son analyse aussi pointue que pertinente, qui avait totalement déstabilisé Jeanne Girard et l'avait poussée dans ses ultimes retranchements. Seulement, ma pratique du caractère complexe de Dominique Vasseur m'incitait à ne pas effectuer de distinguo dans les louanges, lui laissant le soin d'attribuer le beau rôle à notre jeune commissaire. Ce qu'elle fit naturellement, avec beaucoup d'entrain et de sportivité.

J'avouai humblement qu'en me levant, le matin même, je ne pensais pas que l'enquête aurait été bouclée à seize heures…

Et encore moins lorsque j'avais eu un canon de revolver appuyé sur le crâne !

— Vous avez de la chance de posséder des partenaires réactives, Sarah et Rose-Marie, devant leur ordinateur, Radia et moi, sur le terrain ! argua Dominique, avec un clin d'œil complice à l'attention de la policière. Finalement, on dit toujours les hommes, les hommes, alors qu'on se coltine l'essentiel de la tâche !

— Vous avez raison, Madame le substitut ! appuya Radia, déterminée à enfoncer le clou. Il serait temps de rétablir certaines vérités sur le fonctionnement de nos administrations. Et un meilleur partage des mérites, dénué de ce machisme primaire si exaspérant !

— C'est fini, le MLF ? feignis-je de m'emporter. Alors que si j'avais attendu ce matin que Mesdames aient achevé de peaufiner leur maquillage, pris une décision définitive sur la bonne tenue à enfiler pour la journée, arrêté d'hésiter au sujet de leur coiffure, avec ou sans chouchou dans les cheveux et de fignoler leur séance de soins corporels en limant leurs ongles, nous en serions encore au point mort !

— Vous voyez, Radia, nous aurions tort de crier victoire trop vite, il existe encore beaucoup de chemin à parcourir avant que les félicitations d'un partenaire masculin soient parfaitement sincères et suivies d'effets concrets, comme, par exemple, une invitation à dîner dans un restaurant de notre choix, en remerciement de notre concours efficace…

— Je suis désolé ; pour ce soir, ce sera impossible, j'ai déjà réservé une table avec deux autres personnes !

En un instant, deux regards me fusillèrent ; par chance, Dominique ne remarqua pas celui de Radia, sinon, elle aurait compris le lien qui nous unissait désormais. Elle tint pourtant à en savoir davantage.

— Des femmes ? Quelles femmes ? Sarah et Rose-Marie pour les remercier, j'espère…

— Non, si j'avais passé la soirée avec elles, je vous aurais invitées en leur compagnie, sans risquer un choc de personnalités. Là, c'est absolument impossible, c'est un moment intime, vous comprenez, très personnel ! Comme, par ailleurs, vous semblez vous complaire entre femmes, libres de la présence de tout mâle dominant, je ne me fais aucun souci sur la réussite de votre soirée. Mes hommages, Mesdames !

Je m'apprêtai à prendre congé, la grande Julie arriva avec les cafés, dodelinant toujours admirablement du popotin sous sa jupe cintrée. Elle comprit vite qu'elle avait raté une escarmouche et lorsqu'elle s'étonna de mon départ précipité, sa patronne lui lança sur un ton aigri que j'avais un rendez-vous galant qui ne souffrait aucun retard. Du coup, deux nouvelles billes me fusillèrent sur-le-champ et m'incitèrent à battre promptement en retraite.

Pour une fois, j'avais le temps de préparer ma

soirée, de regagner la maison tranquillement à cet effet. J'étais à mi-escalier quand une voix m'appela, celle de Radia qui m'avait couru après :

— Paul, je voulais te remercier pour tout ce que tu as fait pour moi ! Ce succès, c'est le tien, aucunement le mien, même s'il m'arrange beaucoup ! Je t'apprécie beaucoup et je voulais te dire que, si j'ai décidé de rester à Quimper, c'est surtout pour continuer à bénéficier de ton expérience et de l'appui fiable et sincère que tu représentes pour moi ! Tu crois que nous deux…

Je m'éloignai en levant une main censée en dire plus long que de longs discours ; à celle à qui ce geste était destiné de l'interpréter à sa guise…

ÉPILOGUE

Il faisait trop froid pour s'installer en soirée à la terrasse d'une brasserie, sur le front de mer de Bénodet. Un nouvel établissement venait de s'ouvrir, La Vague, aussi m'arrêtai-je pour voir les spécialités qu'il proposait, suivi de près par Carole et sa Schtroumpfette, de plus en plus charmeuse au fil des années. Le patron s'approcha, me fixa, je ne le reconnus pas aussitôt.

— Paul Capitaine, c'est bien toi ? Christian Malone, Chris, je sais bien que j'ai changé, mais quand même !

— Bon Dieu, la "Jules", la Tour d'Auvergne, le lycée de Cornouaille ! Si je m'attendais à te voir à la tête de cette brasserie ! Par habitude, j'allais à côté, je m'étais juste arrêté voir la carte !

— J'entends souvent parler de toi, Cap ! Dans les journaux, par les clients ou les voisins... Bon Dieu, cela fait une paie !

— Même que la municipalité de Quimper a décidé de faire table rase de notre passé ! La maternelle de la rue des Reguaires va fermer, l'école Jules Ferry aussi... À quand le lycée la Tour d'Auvergne ? Moi qui espérais avoir une plaque commémorative sur l'un de ces établissements…

— Ici, le célèbre Paul Capitaine entama ses humanités qui devaient le voir par la suite parcourir les cinq continents pour servir la patrie, avant de revenir à ses racines pour achever sa brillante carrière de policier ! ricana mon pote, hilare… Tu habites Bénodet, toi aussi ?

— Vers la pointe Saint-Gilles, la demeure familiale ! La maison de granit gris ; il faudra que tu viennes prendre un apéro, un soir où tu ne travailles pas… Mais tu es marié ?

— À moitié ! Par contre, je crois que ton épouse et ta fille attendent que tu me présentes ! Tu manques à tous tes devoirs… Si tu as toujours eu bon goût dans le choix de tes copines, là, en ce qui concerne ta légitime, tu t'es surpassé… Christian Malone, patron de la Vague et ami d'enfance de Paul, bonjour Madame et bonjour Mademoiselle !

— Carole Mortier et cette petite princesse c'est Priscilla ! clama ma collègue, accompagnant ses mots d'un sourire ravageur. Enchanté de faire la connaissance d'un témoin des premiers écarts amoureux de ce don juan des commissariats ! Alors, ce grand séducteur a commencé jeune à draguer les minettes, à ce que j'ai entendu ?

— Christian, je tiens rapidement à dissiper un terrible malentendu dont on ne peut mesurer les conséquences ! Carole est juste une collègue et sa fille n'est donc pas la mienne ! Je les aime bien, toutes les deux, cependant je suis célibataire et je me satisfais pleinement de mon statut !

— Pourtant, j'ai entendu parler d'une fille qui bosse aussi avec toi et qui serait ta progéniture... insista mon copain. Une jolie blonde qui ne manque pas de tempérament, à ce qui se dit dans mon établissement. À moins que mes indics de Radio Bistrot soient moins fiables que tes cousins...

— Oui, Sarah, mais c'est une autre histoire, je te raconterai tout cela plus tard, en tête-à-tête. À présent que le contact est renoué, si ta cuisine est correcte, tu risques de me revoir souvent... Bon, tu nous places dans ta salle ou tu sers tes clients sur le trottoir ?

Il nous installa à une table en surplomb pour que nous profitions du paysage et du soleil couchant. J'avais placé mes deux invitées face à moi et devant la vue splendide des derniers voiliers qui regagnaient le port de Penfoul. Elles étaient aussi superbes l'une que l'autre. Carole avait osé une robe audacieusement décolletée ; il fallait avouer qu'elle pouvait se le permettre et avait décidé d'entreprendre sur ma personne une nouvelle opération de séduction. D'ailleurs, lorsque Christian l'avait prise pour mon épouse, à aucun moment, elle n'avait cherché à rectifier l'erreur. À ses côtés, la petite princesse Priscilla arborait, elle aussi, une superbe robe fleurie, dans laquelle elle paraissait plus que ses douze printemps. J'avais promis à Carole cette invitation si son intuition se révélait exacte, je devais tenir parole, même si la perspective d'une soirée avec Radia et Dominique, puis d'une nuit auprès de la première ou chez la seconde, m'aurait davantage comblé d'aise… Avec Carole, j'avais toujours l'impression de jouer le rabat-joie, puisque j'avais décidé, une fois pour toutes, qu'il ne se passerait jamais rien avec une collègue. Radia représentant l'exception qui confirmait la règle…

Bien sûr, au début du repas, on revint sur le dénouement de l'affaire, sans entrer dans des détails trop macabres ou trop personnels. Elle ne put s'empêcher de me dire que la patronne me devait une fière chandelle et que, si elle avait su que son aide allait aider une rivale potentielle à rester en place, elle se serait tue. Avant d'ajouter qu'elle plaisantait et que, malgré sa volonté de demeurer dans sa tour d'ivoire, Radia valait mieux qu'un dictateur macho. La nouvelle s'était déjà répandue dans le commissariat de son flair qui confinait à la magie, quand elle avait pointé du doigt le bijou qui cachait l'indice essentiel… Décidément, les cours des écoles de police avaient évolué, il faudrait des cours de rattrapage plus pointus aux vieux croûtons…

Priscilla nous demanda d'arrêter de parler de travail, puis elle se tourna vers moi, un large sourire aux lèvres, pour me demander si je voyais ce qui avait changé chez elle. D'un geste discret, sa maman me montra les dents et je compris qu'elle ne portait plus d'appareil. Un soulagement pour une jeune fille que le sort n'avait déjà pas épargnée, avec une maladie orpheline qui l'empêchait parfois de respirer et qui la limitait dans ses loisirs. Ce soir, elle était resplendissante et je savais, par sa mère, que lorsque nous étions tous les trois ensemble, elle ne souffrait jamais. Cruel cas de conscience pour un homme qui n'était pas forcément une brute dénuée de cœur.

Le pire c'était que je me sentais parfaitement bien auprès de Carole et que j'adorais sa môme ! Avec elle, on pouvait parler de tout sans tabou, sans crainte de choquer, sans jamais se fâcher. Pas de prises de tête épuisantes, pas de sous-entendus vicelards, pas la moindre anicroche, cela coulait comme l'onde pure d'une amitié fluide… Carole avait de la classe, de la prestance, du tempérament et l'intelligence de savoir où se situer dans une soirée. Présente, si nécessaire, effacée, lorsque la situation l'exigeait. De plus, elle possédait un bon coup de fourchette et elle se régala des coquilles Saint-Jacques de mon pote d'enfance. Elle aimait aussi les bons vins, seulement elle conduisait, elle se contenta donc d'un verre de Quincy pour le dîner. Elle possédait aussi une maturité qui faisait encore défaut à Radia, malgré ses diplômes…

À l'heure du dessert, les lèvres encore badigeonnées des vestiges de sa glace à la pistache, la puce nous supplia d'aller au casino, mais sa mère insista pour que nous allions prendre un dernier verre chez moi, puisque ma sœur avait hébergé mon père pour le week-end et que Sarah et Rose-Marie s'éclataient sur une piste de danse de la région quimpéroise. Il me semblait revivre le scénario de la veille ; cette fois, je ne voulus pas céder et réclamai un peu de repos, à mon âge… Je leur rappelai qu'on se retrouverait le dimanche chez ma sœur Colette qui fêtait l'obtention de son diplôme d'État de médecin légiste et la création de son poste à Quimper.

Quand je voulus régler la note, je m'aperçus que les boissons n'avaient pas été prises en compte. Je signalai l'erreur à Christian, installé derrière le bar. La réponse fut implacable :

— Cadeau de retrouvailles ! Ce ne sera pas ainsi à tous les coups, j'ai un commerce à faire tourner, quand même…

— Tes coquilles Saint-Jacques étaient succulentes, tu féliciteras le chef ! Mes invitées se sont régalées, et moi aussi…

— Tu côtoies une femme dotée d'une classe exceptionnelle, d'une beauté authentique et tu restes célibataire, je ne te comprends pas ! Elle te bouffe du regard, elle est raide dingue de toi, cela crève les yeux ! Et sa môme est tellement craquante…

— Il est vraiment urgent qu'on passe un moment intime pour que je t'affranchisse sur mon parcours… Puisque je vais être amené à fréquenter ton établissement avec des personnes très différentes, tu dois connaître certains points à ne pas évoquer dans les conversations. Je suis heureux de t'avoir retrouvé, cela ne nous rajeunit pas…

Mes deux invitées m'attendaient sagement dehors. Malgré les suppliques de Carole, je campai sur ma position.

Je lui proposai de marcher le long de la plage ; en fait, elle voulait me parler car un problème de travail la souciait.

— J'ai su par hasard que cela n'allait pas fort entre Hervé et Marie-Jo, m'annonça-t-elle en parlant de notre chef de groupe, en vacances avec sa famille à la Réunion, terre natale de son épouse. Il a fait une demande de mutation pour Saint-Denis, elle a de grandes chances d'être acceptée. Je t'en parle car ce serait bien qu'on gère l'avenir de l'équipe en interne et Radia te fait confiance. Tu pourrais devenir le nouveau chef de groupe et l'on recruterait un jeune lieutenant qu'on formerait à notre mode de fonctionnement…

— D'accord sur le principe, à un point près : je trouve que l'équipe fonctionne bien avec toi à sa tête ! Tu es à la hauteur, tu peux mieux organiser ton emploi du temps en fonction de ta fille, financièrement, le plus n'est pas négligeable, tu y gagnes donc sur tous les tableaux !

— Pour quinze jours, ça va, sinon tu possèdes plus d'expérience que moi ! Vers qui s'est tournée Radia pour chercher un appui ? Elle ne s'est pas trompée… Tu fais autorité, par ton vécu, ta stature, ta connaissance de Quimper et de la région. Si le départ d'Hervé s'officialisait, la place te reviendrait, rien de plus logique !

— Au foot, on aime dire : un match après l'autre. Cela prête à sourire, pourtant c'est une parole pleine de sagesse ; il est inutile de jouer la partie avant le coup de sifflet de l'arbitre, ni la suivante avant que celle-ci ne se termine. J'ai failli me prendre une balle dans la cervelle, alors, les calculs à long terme, j'évite d'y penser… Au moins, je n'aurais pas laissé de veuve éplorée derrière moi ! Juste une fille qui m'aura connu assez pour lister tous mes défauts…

— Ne dis pas de bêtises, Sarah a horreur d'entendre de telles stupidités et ce ton sarcastique si détestable ! Et moi aussi, si cela possède une importance pour toi… Et c'est quoi, ton match, pour les prochaines heures ?

— Manchester United face à Arsenal, sur Canal +, cela ne se rate pas…

Le dimanche matin, en me réveillant, je me sentais heureux et bien dans ma peau après une nuit complète et réparatrice. J'étais vivant, déjà, car j'avais eu très peur avec ce canon sur le crâne. J'étais aussi satisfait de la conclusion de l'enquête, car celle-là s'avérait particulièrement retorse. Donc, tout allait pour le mieux…

J'avais entendu du bruit et conclu que Sarah était rentrée de bon matin, au sortir de la boîte de nuit. Je descendais pour prendre un bol de café, elle ne me laissa même pas lui poser deux bises sur les joues.

— Tu es vraiment incorrigible ! C'était qui ? J'ai pensé qu'il pouvait s'agir de Carole, seulement je viens de l'appeler, elle n'est pas au courant. Alors j'ai rêvé : Dominique avait accepté une nuit auprès de toi, le miracle venait de s'accomplir, nouveau loupé, elle est tombée des nues dès que je lui ai glissé deux mots sur cette affaire… Alors, c'était qui ?

— De quoi me parles-tu ? J'ai passé la soirée auprès de Carole et Priscilla, ensuite j'ai regardé une mi-temps du match, puis je suis allé me coucher, tant j'étais vanné.

— Ce n'est pas toi qui as utilisé mon démaquillant et mes cotons avant d'aller te coucher. Donc une nana a dormi ici qui n'a même pas pris la précaution d'effacer les traces de son passage… Non, ne me dis pas qu'il s'agit de Radia, tu n'as pas fait cela, pas notre commissaire ! Si, il l'a fait, je n'arrive pas à le croire…

Sarah tournait autour de moi et me hurlait dessus.

En fermant les yeux pour ne pas attraper le tournis, je revoyais le corps nu de notre patronne, ses longs cheveux frisés qui s'étalaient sur le traversin, ses fesses rebondies avec ce papillon tatoué sur le haut de la gauche, il me semblait me pénétrer de son parfum oriental.

Elle avait tout du fruit défendu et j'y avais goûté.

Une petite voix lancinante me susurrait depuis, de manière insistante, que j'avais commis une énorme bêtise, peut-être la plus monumentale de mon existence !

Sarah continuait de vociférer, les yeux exorbités. Je

compris alors, et seulement alors, dans un éclair de lucidité, que je venais de commettre un monstrueux écart de conduite, une bévue que je risquais de payer très cher et pendant très longtemps, car nombreuses seraient les femmes de mon entourage à m'en présenter l'addition…

FIN

Quadri Signe - Editions Alain Bargain
125, Vieille Route de Rosporden - 29000 Quimper
E-mail : editions.alain.bargain@orange.fr
Site Internet : www.editionsalainbargain.fr

Dépôt légal n°11 - 2e trimestre 2010
2e tirage : n° 19 - 3e trimestre 2010
ISBN 978-2-35550-065-7 - ISSN 1281-7813
N° d'impression : 009059
Imprimé en France